会計理論の制度分析

村瀬 儀祐 著

東京 森山書店 発行

序　文

　この半世紀ばかりの間に会計理論は，大きく変わった。それは，損益計算書アプローチの理論から貸借対照表アプローチの理論への転換として説明されている。損益計算書アプローチの理論（本著では「対応の理論」とする）は，収益と費用との適切な対応によって利益を確定しようとする。貸借対照表アプローチの理論（本著では「認識の理論」とする）は，資産と負債の認識と価値評価にもとづいて利益を確定しようとする。会計理論は，歴史的に，損益計算書アプローチの理論（「対応の理論」）から貸借対照表アプローチの理論（「認識の理論」）へと大きく転換を遂げた。この転換のプロセスにおいては，理論や概念の継承と発展は見られず，そこでは断絶した転換があるのみである。このような理論変化を反映して，会計のテキスト等では，重要な概念として説明されていたものが，新しいものに取って代えられると，過去の概念は無視され，忘れ去られてしまう過程が進行する。

　本著は，このような会計理論の変化の意味を，会計理論がもつ制度的性質においてとらえ検討したものである。会計の理論は，その国の会計制度の仕組みと結びつき，制度的な機能を果たすものとして成立し変化する。会計理論の制度性に焦点をあてると，理論変化になぜ断絶的な転換が生まれるのか，なぜドイツとアメリカ合衆国の間において会計理論構成の違いが生まれるのか，またなぜ会計理論が経済危機と会計改革に促されるようにして形成されるのか，このような疑問を解き明かす糸口を得ることができる。本著は，会計理論を，特にアメリカ合衆国を中心とした会計統制の政治システムとの補完関係のもとに，半世紀にわたる歴史的概観から，その制度的性質を明らかにしようとしたものである。会計理論の制度的性質をどの程度明らかにしたか，忌憚のない批判をあおぎたい。

本著の出版は，多くの人たちのおかげをこうむっている。

　特に，故宮上一男大阪市立大学名誉教授と加藤盛弘同志社大学名誉教授のお二人には，筆に表しがたい恩を受けている。本著を執筆するにあたって，筆者が学生の時に読んだ本を引き出して見ているうちに，この40年以上にわたった過去のことがよみがえり，思い出にひたること度々であった。能力のない私が，これまで会計学の勉強をとても面白いこととして学び続けてこられたのは，両先生のおかげである。まず両先生に感謝を述べたい。

　さらに高知大学を定年退職後，すぐさま私に現役として働く場を与えてくださった佐久間建人学長をはじめとする高知工科大学の皆様に感謝申し上げたい。このような場がなかったら本著を執筆することが出来なかった。

　最後に，本書は，今日の厳しい出版事情のなか，森山書店社長，菅田直文氏の多大なご尽力を得て刊行することが出来たものであり，ここに改めてあつくお礼申し上げたい。

2011年初春　高知工科大学研究室にて

村　瀬　儀　祐

目　次

序　章　会計理論の制度性 ……………………………………………………………… 1

第1章　対応概念はなぜ消えた？ ……………………………………………………… 7
　　　はじめに ………………………………………………………………………… 7
　1. 会計における手続（「プラクティス」）と論理（「ロジック」） ……………… 9
　　　(1) 会計の手続用語 ……………………………………………………………… 9
　　　(2) 会計手続モデル …………………………………………………………… 10
　　　(3) 会計手続に必随する判断 ………………………………………………… 11
　　　(4) コンベンションとしての会計 …………………………………………… 13
　2. ペイトンとリトルトンによる対応の論理 ………………………………… 15
　　　(1) 会計理論構成の要素としての経済危機 ………………………………… 15
　　　(2) 対応の論理の構造 ………………………………………………………… 17
　　　(3) 対応の恣意性 ……………………………………………………………… 19
　3. FASB概念ステイトメントによる認識の論理 …………………………… 22
　　　(1) 認識に焦点をあてた論理 ………………………………………………… 22
　　　(2) FASB概念ステイトメントにおける利益概念 ………………………… 24
　　　(3) 制度装置としての概念ステイトメントの性質 ………………………… 25
　　　(4) 費用と収益の関係を問わない効果 ……………………………………… 28
　　　(5) 公正価値評価の恣意性 …………………………………………………… 30
　　　(6) 「信頼性」用語の取替 …………………………………………………… 32
　4. 利益計算における「対応」の論理と「認識」の論理 …………………… 34
　5. この半世紀における会計実務変化 ………………………………………… 39
　　　(1) 費用と収益の対応関係の喪失 …………………………………………… 39
　　　(2) 会計利益の縮小化 ………………………………………………………… 41
　　　おわりに ……………………………………………………………………… 45

第2章　会計手続と会計判断，経営者インセンティブ ……………53
　　　は　じ　め　に ……………………………………………………53
　1.　貸借対照表と損益計算書 ……………………………………………53
　2.　会計の利益決定における各要素の位置 ……………………………58
　3.　会計利益計算における判断事項 ……………………………………59
　　　（1）認識：財務諸表の本体計上についての判断局面 ……………60
　　　（2）認識時点：いつの時点で計上するかの判断局面 ……………60
　　　（3）測定：会計要素にどのような数値をつけるかの判断局面 ………61
　　　（4）分類：基本要素のいずれに分類するかの判断局面 ……………61
　　　（5）方式の選択：どのような会計方法を選択するかの判断局面 ……62
　　　（6）実体的取引の創造：会計認識のためのどのような取引を
　　　　　　創り出すかの判断局面 ……………………………………62
　4.　認識領域の拡大，判断領域の拡大 …………………………………63
　　　（1）資産における認識領域の拡大 …………………………………64
　　　（2）負債における認識領域の拡大 …………………………………68
　5.　会計に対する経営者インセンティブ ………………………………71
　　　（1）資本市場における経営者インセンティブ ……………………72
　　　（2）契約と政治過程における経営者インセンティブ ……………74
　　　お　わ　り　に ……………………………………………………80

第3章　会計理論の制度分析 ………………………………………83
　　　は　じ　め　に ……………………………………………………83
　1.　ドイツの会計理論（フレーリックス理論）と
　　　アメリカの理論（スターリング理論） ……………………………84
　　　（1）ドイツ：フレーリックス理論 …………………………………85
　　　（2）アメリカ：スターリング理論 …………………………………87
　2.　会計理論の形成基盤 …………………………………………………90
　　　（1）会計理論の型をきめるもの ……………………………………90

	(2) 二つのガバナンス・モデル *92*
	(3) ドイツ会計制度と会計理論需要 *95*
	(4) アメリカ会計制度と会計理論需要 *96*
3.	国際会計基準の論理と国際的適用不全 *99*
	(1) プリンシプル・ベース会計基準と概念フレームワーク *99*
	(2) 概念フレームワークの論理は,プリンシプル・ベースの
	会計基準と整合するか *101*
	(3) 世界統一の概念フレームワークの不適合 *103*
	お わ り に *105*

第4章　日本における会計判断の制度的性質 *109*

は じ め に *109*
1. 会計判断と経営者インセンティブ *110*
2. 会計判断を正当化するシステム *111*
　(1) 会計制度の3つのタイプ *111*
　(2) ドイツ会計制度 *112*
　(3) アメリカ会計制度 *113*
　(4) 日本の会計制度 *115*
3. 行政規制会計制度モデル *116*
4. 繰延税資産の会計基準と行政規制会計制度システム *118*
　(1) 銀行救済の金融政策に従属した日本税効果会計基準 *118*
　(2) 繰延税資産会計実務の実態 *120*
　(3) 日本の税効果会計基準の特徴 *123*
お わ り に *127*

第5章　会計概念としての公正価値 *129*

は じ め に *129*
1. 公正価値の会計概念 *130*

2. 公正価値の検証不能性と監査不能性 ……………………………… *133*
3. 検証不能公正価値の会計実務 …………………………………… *135*
　　（1）エンロンによる公正価値 ………………………………… *135*
　　（2）のれん減損における公正価値 …………………………… *136*
4. 公正価値概念の性質 ……………………………………………… *138*

第6章　公正価値会計基準の制度的性質 ……………… *141*
　　は　じ　め　に ……………………………………………………… *141*
1. 制度概念としての公正価値 ……………………………………… *142*
2. 「市場に対する参照（mark-to-market）」と
　　「モデルに対する参照（mark-to-model）」の本質的な違い …… *145*
3. 「推測に対する参照（mark-to-estimate）」事象の監査不能性 …… *147*
4. 公正価値基準と会計操作の可能性 ……………………………… *149*
5. 公正価値基準の論理 ……………………………………………… *150*
6. 公正価値基準が求める制度装置 ………………………………… *151*
　　お　わ　り　に ……………………………………………………… *155*

第7章　のれん・無形資産減損会計における
　　　　　公正価値概念の制度効果 ……………………… *157*
　　は　じ　め　に ……………………………………………………… *157*
1. 無形資産とのれんの認識 ………………………………………… *157*
2. 無形資産の減損評価 ……………………………………………… *159*
3. のれんの減損評価 ………………………………………………… *160*
　　（1）取得のれんの報告単位への割付け ……………………… *160*
　　（2）のれんの減損テストの2段階 …………………………… *161*
　　（3）未記録の資産の公正価値測定 …………………………… *163*
　　（4）報告単位の公正価値の評価方法 ………………………… *164*
4. のれんと無形資産会計における認識領域の拡大を支える測定の概念 …… *165*

(1) 無形資産会計における分離可能性の検証不能性 ················166
　　(2) のれんと無形資産の減損損失の検証不能性 ··················167
　　おわりに ··170

第8章　包括利益概念の制度分析 ···173
　　はじめに ··173
1. クリーン・サープラスの規範 ···173
2. ダーティ・サープラスの現実 ···176
3. クリーン・サープラスの規範にダーティ・サープラスの現実を
　組み込んだ包括利益概念 ···178

第9章　制度としての会計概念フレームワーク ·····················185
　　はじめに ··185
1. 会計概念フレームワークの不可能性と必要性 ·····················186
2. プロフェッショナル会計制度と会計概念フレームワーク ···189
3. 会計概念フレームワークの制度的機能 ·································191
　　おわりに ··193

第10章　企業は嘘をつかない？ ···197

索　引 ···209

序章
会計理論の制度性

　会計理論は，会計制度と色濃く結びついて形成する。会計理論を，学説一般として理解するのではなく，それぞれの国の会計制度のあり方と結びつき，制度的な役割を果たすものとして理解する必要がある。会計理論は，理論がもつ真実性に焦点をあてるのでなく，まず何よりも，会計理論がもっている会計手続と会計判断に及ぼす制度的な効果において分析されなくてはならない。

　この半世紀ばかりの間に会計理論は，大きく変わった。それは，損益計算書アプローチの理論から貸借対照表アプローチの理論への転換として説明されている。損益計算書アプローチの理論（本著では「対応の理論」とする）は，収益と費用との適切な対応によって利益を確定しようとするものである。貸借対照表アプローチの理論（本著では「認識の理論」とする）は，資産と負債の認識と価値評価にもとづいて利益を確定しようとするものである。会計理論は，歴史的に，損益計算書アプローチの理論（「対応の理論」）から貸借対照表アプローチの理論（「認識の理論」）へと大きく転換を遂げた。この転換のプロセスにおいては，理論や概念の継承と発展は見られず，そこでは断絶した転換があるのみである。このような理論変化を反映して，会計のテキスト等では，重要な概念として説明されていたものが，新しいものに取って代えられると，過去の概念は無視され，忘れ去られてしまう過程が進行する。

　本著は，このような会計理論の変化の意味を，会計理論がもつ制度的性質においてとらえ検討したものである。理論の断絶的な変化のなかに，一貫して継続しているものがある。そこから会計理論変化の意味を探ることが出来る。

会計理論の制度的性質に着目して会計理論変化の意味を問う場合，問題にしなければならないことは以下のことである。

まず第1に，会計理論の変化は，会計手続そのものの基本的様式を変えるものではなかったことである。会計の手続は，「資産」，「費用」，「負債」，「資本」，「収益」の5つの基本要素の増減を記録し，貸借対照表要素（「資産」と「負債」，「資本」）と損益計算書要素（「費用」と「収益」）に分けることによって，「利益」を確定する仕組みをとっている。このような会計手続モデルは，会計理論の変化があっても変わることがなかった。会計手続には，「対応」，「配分」，「認識」等の手続が含まれる。これらの会計手続操作そのものは，会計の理論が変わってもなくなることはない。「対応の理論」が消滅しても，対応と配分の手続操作そのものはなくなることはない。また「認識の理論」によって，認識という会計手続が新しく創出されたわけではない。会計理論の変化は，対応，配分，認識といった会計手続操作とその様式（複式簿記）を変えるものではない。

第2に，会計理論の変化が生み出したのは，この会計手続に結びついた会計判断のあり方である。会計手続モデルには，以下の判断領域が存在する。

　(1) 認識（何を会計計上の対象とするか）
　(2) 時点選択（いつの時点で計上するか）
　(3) 測定（計上の金額をいくらとするか）
　(4) 分類（5要素のうちのどの要素のものにするか）
　(5) 方法選択（どのような方法を選ぶか）
　(6) 取引創出（どのような経済取引を創り出すか）

これらの会計判断領域に関わって，会計理論は，その判断の内容，あり方，幅，弾力性に変化を及ぼす。「対応の理論」から「認識の理論」への変化によって，変わったのは，会計手続に結びついた会計判断の内容，性質である。会計理論の変化によって，会計判断の違いが生み出される。

第3に，このような会計判断の変化を求めるものは，それぞれの国の会計制度のもとで発揮される経営者のインセンティブである。経営者は，その経済取

引環境，契約システム，政治的環境のなかにあって，財務報告に対してインセンティブを発揮する。会計判断は，このような経営者の報告インセンティブに関係するものである。会計理論の変化を求めたのは，会計判断の変化であり，さらにこの会計判断の変化を規定するのは経営者のインセンティブである。会計理論の変化の基礎には，経営者インセンティブがある。

　第4に，会計判断と経営者インセンティブは，それぞれの国の経済的政治的プロセスのもとで成立するものであり，会計の制度と理論は，それぞれの国の会計判断と経営者インセンティブに関わって成立する。とりわけアメリカの会計制度は，「プロフェッショナル会計制度」として，職業会計人の会計判断を権威づけるものとして機能している。会計の理論は，アメリカにおいては「プロフェッショナル会計制度」を支えるものとして必要とされ，その必要に応じて変化する。「対応の理論」から「認識の理論」への変化を，アメリカにおける「プロフェッショナル会計制度」の制度的権威づけの必要性に促されて生まれたものと考える。会計理論の構成のされ方において，多分にそれぞれの国の会計制度の特殊性と結びつき特徴的な傾向が生まれるのは，会計理論の制度的性質のためである。

　第5に，会計理論は，それぞれの国の会計制度の在り方と濃厚な関係をもって成立したものであり，特定の会計制度システムと結びついた会計理論を，世界において単一の統一した概念ステイトメントとして祭り上げて世界統一化をはたしても，そのことによって世界の会計情報の質を統一することにはならない。会計判断と経営者インセンティブは，それぞれの国の会計制度システムの政治プロセスに規定されるために，このことを無視して，会計理論と会計基準の世界統一化をはたしたとしても，それはそのレベルでとどまり，世界の会計情報の質を向上することにつながらない。世界統一の会計理論と会計基準を作り出し，単一の組の会計理論と会計実務が実現したとしても，それは形の上だけのものとなる危険性がある。また，そのことをもって，「会計の国際化」と言うことは出来ないであろう。

　以上のことが，本著が主張する骨格である。

これまでの会計理論研究は，少なくとも筆者が会計の勉強を始めたこの40年ほど前の会計理論研究において典型的にみられたように，ドイツのものもアメリカ合衆国のものも見境なく一緒にし，それぞれの国の会計制度のあり方から切り離し，純粋の学説として扱い，会計理論をいわば真空状態のなかにおいて，その真理性を追求するといったものであった。会計理論がそれぞれの国の会計制度の特殊性に関わって生まれたものであることなど，まったく視野の及ぶところではなかった。会計の学習において，「対応の理論」（もしくは「動態論」）の視野から会計を学び，そしてそれに親しんだかと思ったら，概念フレームワークの新しい理論（「認識の理論」）が普及すると，過去の伝統的な会計概念はほとんど思い出されることもなく，新しい概念の学習がなされる。このような傾向が見られたのではなかったか。このような過程は，なぜ生じたのか。それは会計理論を真理探究の学説としてではなく，それぞれの国の会計制度のあり方，その変化のもとに位置づけ，会計理論をその制度的性質において追及し，理解するとき，会計理論の変化の意味を解き明かすことができる。

会計理論はなぜ変化するのか，理論変化を動かすものを追求することによって，会計理論に対する首尾一貫した理解が得られると思われる。本著は，会計理論の制度分析に向けた一つの試みである。本著は，以下の構成をもって展開される。

第1章　対応概念はなぜ消えた？

アメリカ合衆国の会計理論変化を「対応の理論」から「認識の理論」への変化ととらえ，その変化が会計手続と結びついた会計判断に関わって生まれたものであることを明らかにする。そしてそのような理論変化をうながしたものが，経済危機と会計改革の政治プロセスであり，プロフェッショナル会計制度を権威づける必要性である。理論変化の結果，会計実務レベルでは利益の縮小化のプロセスが進行した。このような会計利益縮小化の会計実務を促進させる効果を生み出したところに，会計理論の変化の制度的意味があったとする。（書き下ろし）

第2章　会計手続と会計判断，経営者インセンティブ

　会計手続モデルの構造的特徴が示され，そこには広い範囲の会計判断の領域が成立していることが示される。「対応の理論」から「認識の理論」の変化は，会計判断領域の拡大であり，このような会計判断領域の拡大は，経営者の会計報告インセンティブと結びつき，経済的取引関係，契約関係，政治過程を促進するものとなっていることを示す。(書き下ろし)

第3章　会計理論の制度分析

　ドイツ型の会計理論を代表していると思われるフレーリックスの理論とアメリカ型の意思決定会計理論を最初に展開したスターリング理論とを取り上げ比較する。ドイツ型の理論が法解釈に重点をおき，アメリカ型の理論が会計プロフェッションの判断に重点をおく傾向があり，このような差が生まれるのは，それぞれの国の会計制度と関係して生まれる会計理論に対する需要の違いがあるからである。そして，これらの制度条件の違いを無視した世界統一の単一の概念フレームワークを構築することの危うさを指摘する。(書き下ろし)

第4章　日本における会計判断の制度的性質

　日本における制度システムをドイツとアメリカの会計制度との比較の上，その特徴を明らかにし，そこでの会計判断の性格を示す。日本の会計システムは，行政規制会計制度システムとしての特徴をもち，会計判断が，政治的，行政規制的インセンティブの影響を受けていることを，特に繰延税資産の会計基準の検討から明らかにする。(村瀬儀祐編著『会計判断の制度的性質』(森山書店, 1998) 第1章を大幅に加筆修正して掲載)

第5章　会計概念としての公正価値

　会計概念としての公正価値が検討される。会計概念としての公正価値は，「公正 (fair)」そのものの概念を設定したものでなく，多様な評価係数を「認められたもの」として包括するために便宜的に用いられたものであること，とりわけ非市場ベースの評価モデルを組み込むためにとられた概念であることを明らかにする。(『會計』174巻4号 (森山書店, 2008年) より)

第6章　公正価値会計基準の制度的性質

　会計概念としての公正価値の特徴を明らかにし，公正価値基準が多くのエンフォースメントのルールの設定を必要にすること，とりわけ内部統制制度の必要性を高めるものであることを示す。(村瀬儀祐，志賀　理共編著『加藤盛弘古希記念論文集』(森山書店，2007年) 第1章より)

第7章　のれん・無形資産減損会計における公正価値概念の制度効果

　公正価値基準の典型とも言うべき，のれんの減損会計を取上げる。本基準については，非常に幅広い会計判断の領域が含まれており，その経験的検証不能な会計判断領域の成立は，経営者による会計操作にさらされることを指摘する。(加藤盛弘編著『現代会計の認識拡大』(森山書店，2005年) 第6章より)

第8章　包括利益概念の制度分析

　アメリカにおける包括利益概念の歴史的プロセスを明らかにし，アメリカにおいてクリーン・サープラスが主張されるなか，ダーティ・サープラスの実態が存在している。このことは会計システムの性格上不可避的に生まれる傾向であることを明らかにする。(塩原一郎編著『現代会計―継承と変革の狭間で―』(創成社，2004年) 収録論文を一部加筆修正して掲載)

第9章　制度としての会計概念フレームワーク

　制度装置としての概念ステイトメントは，プロフェッショナル会計制度を支え，会計判断の拡大化を合理化するものとして生成した。概念フレームワークの理論は，会計学説の理論としてではなく，それが果たす制度的な役割において理解されなければならない。筆者が，14年前に発表したもので，本著の基本的な主張が展開されている。(『會計』149巻1号 (森山書店，1996年) より)

第10章　企業は嘘をつかない？

　高知放送のラジオ番組において，高知大学による放送公開講座の一つとして放送されたものである。普通の話し言葉で，会計のことを述べようとしたもので，本著の内容にも関わるものであるため，掲載する。(高知大学ラジオ公開講座 Libertation vol.15. 人文編，2009年より)

第1章
対応概念はなぜ消えた？

は　じ　め　に

　「対応（matching）」概念は，かつては会計理論の中心をなすものであった。対応の用語そのものは，もともと費用と収益とをつきあわせる会計の手続（practice）を意味していた。この手続に特別の意味をもたせ「対応」の論理（logic）が構築された。対応の論理とは，実現収益に，関連の発生原価を対応させて，企業の「利益稼得力（earning power）」を表示するというものである。原価は収益を生み出す「努力（efforts）」であり，収益はその「成果（accomplishments）」である。努力を成果に関連させ，内的な関係を跡づけ対応させることが会計の中心課題であるとされた。1940年に公表されたペイトンとリトルトン（W. A. Paton and A. C. Littleton）の『会社会計基準序説（*An Introduction to Corporate Accounting Standards*）』は，「対応の聖書（the gospel of matching）[1]」とも，また「世紀の会計書（the accounting book of the century）[2]」とも呼ばれ，対応の論理の普及に大きな影響力をもった。

　しかし1973年，FASB（Financial Accounting Standards Board）が概念フレームワークのプロジェクトに着手するようになると，それまで支配的な地位を占めていた対応の概念は消滅の一途をたどる。概念フレームワークの理論は，「認識（recognition）」に焦点をあてたものであり，そこでは，資産と負債の価値を正しく認識することが，まぎれもない利益を決定することだとする。この

論理においては，利益とは期間を通じた純資産の増加額を意味する。また近年，FASB と IASB（International Accounting Standards Board）の共同によって進められている新しい概念フレームワークのプロジェクトは，これまでよりもさらに首尾一貫性と整合性を強めるかたちで，資産と負債の認識による利益計算の論理を展開しようとしている。そこでは対応の用語は全く見られない。ディチェフ（Illia D. Dichev）が言うように，「対応の用語は用いられることはなく，それどころか無視されている（The term *matching* is never used, even in passing）[3]」。

なぜ対応概念は消滅したのか？この問いかけは，過去を回顧する後ろ向きの姿勢のように見えるかもしれない。しかし私にとって，このような問いかけは，現在われわれの目の前で展開している新しい会計理論の性格を解き明かす糸口を提供しているように思われる。

本章は，まず第 1 に，会計の手続面と論理面を区別し，対応の手続（プラクティス）と対応の論理（ロジック）の両者の意味を明らかにする。第 2 に，「対応」の近代会計理論と「認識」の現代会計理論の特徴を示し，第 3 に，これらの会計理論の形成には，経済危機が大きな要因となっていることを示す。会計理論は，学説としての自律的な発展ではなく，経済危機に触発され，会計規制の動きが強まると，それに応える形で理論が構築される。経済的危機と会計規制，これが理論形成の重要要素となっていることを示す。第 3 に，「対応」の論理は消失しても，対応の手続は消えることがないことを明らかにする。「対応」を無視した新しい「認識」の理論においても，対応の会計手続そのものは存在している。変化するのは，新しい論理によって与えられる，対応の意味づけである。第 4 に，経済現象（資産と負債）の認識に焦点をあてた概念フレームワークの理論は，「取引価格ベース会計（transaction based accounting）」の拘束を解き放ち，また費用と収益の内的関係を不問にせしめるという効果をもつ。この論理上の効果をもって，極めて弾力的な利益計算が合理化される。第 5 に，このような会計理論の変化を生み出したのは，現実の会計実務の変化であることを明らかにする。現実の会計実務において，費用と収益の関連性が喪失する傾向が大きく進んだこと，この実務傾向が「対応」の論理の消滅を促し

た原因である。費用と収益の対応関係の喪失の実務傾向は，また，会計上の利益の縮小計上の結果として生まれたものであった。FASB の概念フレームワークのプロジェクトが始まって 40 年ほどの間,「対応」から「認識」の理論へと会計理論の大きな転換を促したのは，利益の縮小計上の会計実務であった。以上が，本章が明らかにする課題である。

1．会計における手続（「プラクティス」）と論理（「ロジック」）

(1) 会計の手続用語

　会計には，手続を示した特有の用語がある。対応（match）の用語もその一つである。対応のほかに，例えば，記入（entry），認識（recognition），非認識（derecognition），消去（write-off），仕訳（journalize），借記（debit），貸記（credit），分類（classify），転記（post），修正（adjust），跡づけ（trace），計上（account），割当て（assign），配分（allocate），分割（divide），繰延（defer），見越（accrue），賦課（charge），振替（transfer），締切り（close），反対仕訳（reversing entry）など，会計手続を示す用語がある。これらの用語は，会計の手続，すなわち「プラクティス（practice）」そのものを示す用語であり，本来，それ以上の意味をもたないものである。しかしこれらの会計行為は，複式簿記特有のモデルのもとで計上される利益額に影響を及ぼすために，それらの行為の承認可能性，適正性をめぐって，会計特有の意味付け，すなわち「ロジック（logic）」が付け加えられる。歴史的に会計手続（「プラクティス」）の操作そのものは変わらないが，会計判断に関わる会計手続の意味付け（「ロジック」）は変化する。

　まず会計の手続面のみを取上げ，それらの手続が会計上の判断を媒介せずして遂行できない性質のものであること，ならびに会計判断に関連して何らかの理由付け，論理を求める性質をもつものであることを明らかにする。

(2) 会計手続モデル

複式簿記の会計手続モデルは，資産，負債，資本，収益，費用の増減を記録することによって，利益を算定する仕組みをもつ。すなわち，資産，負債，資本，収益，費用の変動額は，「勘定（account）」というT字形式でもって，各要素の増減が記録され，以下の等式に示される試算表に集約される（図表1-1）。

図表1-1　5つの基本要素への勘定形式による増減の記録（+は増，-は減を示す）

（借方）				（貸方）				
資産	+	費用	=	負債	+	資本	+	収益
+ | -		+ | -		- | +		- | +		- | +

試算表に要約された資産，負債，資本，収益，費用の基本要素は，図表1-2に示されるように，貸借対照表要素（資産と負債・資本）と損益計算書要素（費用と収益）に分解され，この分解の過程で，利益が確定される。

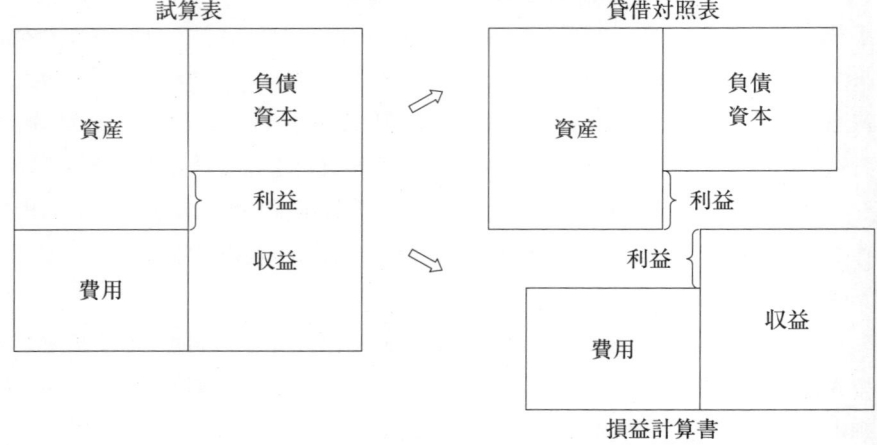

図表1-2　試算表を貸借対照表と損益計算書に分解

この会計手続モデルにおいて，資産，負債，資本，収益，費用の要素は，利益に対する関係をもたされて存在している。これらの5要素は，それぞれ別々に独立した，それ自体完結した表示をめざすものでなく，利益計算の目的のために会計上存在する。5つの要素がなければ利益は計算出来ないのである。利益計算に対する関係からすれば，5要素の項目は，利益計算のための手段的な性格をもつ。利益は，資産から負債と（期首）資本を控除した差額として，また収益と費用の差額として算定される。資産から負債，資本との差額と収益と費用との差額は等額であり，これが利益とされる。この枠組みにおいては，それぞれの基本要素は，それぞれ利益に対して特有の関係をもっている。すなわち「資産と収益とは，公表企業利益計上額に正比例的（＋）に作用し，これに反して，費用と負債・資本とは，公表企業利益計上額に反比例的（－）に作用する」[4]という関係が存在している。この会計手続モデルにおいては，会計上の利益を増加させるには，資産の増，収益の増，負債の減，費用の減の手続を採用すればよい。また反対に，会計上の利益を減少させるには，資産の減，収益の減，負債の増，費用の増の手続を採用すればよい。利益計算が会計の重大目標であるとすれば，この利益計算にむけて，どのような資産，負債，資本，収益，費用を計上するか，そのためにどのような手続をとるか，ということが問題となる。したがって会計手続には，いかなる利益を算出するかということが常に問題となり，そのことは会計上の判断事項となる。会計は，記入，認識，非認識，消去，仕訳，借記，貸記，分類，転記，修正，対応，跡づけ，計上，割当，配分，分割，繰延，見越，賦課，振替，締切り，反対仕訳などの手続行為をもって推し進められるが，これらの手続行為には，会計上の利益に及ぼす効果についての判断が必随する。判断の伴わない会計手続は存在しない。

(3) 会計手続に必随する判断

　まず財務諸表本体の記録には，記入，認識，その逆の非認識，消去の行為がとられる。資産，負債，資本，収益，費用の要素の記録対象とするか，しない

か，判断が必要になる。財務諸表本体に記入（認識）するにしても，資産，負債，資本，収益，費用のいずれの変動であるか，分類しなければならない。すなわち仕訳，借記，貸記，分類といった，会計手続がとられる。それらの行為には，会計要素を財務諸表本体にいつの時点で組入れるか，といった認識時点の選択についての判断が含まれている。また記入すべき金額をいくらとするか（いくらと推定するか），といった数値の計上手続にも判断が伴う。財務諸表本体に計上する数値は，複数の数値，または幅を持った数値を計上することはできず，一つの項目には単一の数値しか計上できない。単一数値の選択という厄介な判断をしなければならない。認識，分類，計上といった財務諸表本体への組入れ行為が行われると，その後は，様々な会計手続操作（修正，消去，跡づけ，割当，配分，分割，対応，繰延，見越，賦課，振替，反対仕訳）が適用され，数値に加工が施される。この場合，どのような手続操作を採用するか，またどのような方法を選択するかについて，判断が必要になる。このような判断なくして会計手続は成立しない。

　会計手続には判断が伴うとすれば，ある会計手続に求められる判断と他の会計手続に求められる判断との間で矛盾は生じないであろうか。会計手続モデル内において，例えば，「認識」の手続判断と「対応」の手続判断との間には，避けられない矛盾が存在する。複式簿記の会計手続モデルにおいては，資産に対する負債・資本（「実在勘定（real account）」）の「認識」と，収益に対する費用（「名目勘定（nominal account）」）の「対応」をめぐって，この両者間に矛盾のない完全に整合性をもった手続判断が成立するようなことは，まずない。たとえば一方で，認識の手続（財務諸表本体への計上）に意味を持たせ，認識とは経済的資源と経済的義務を資産と負債に認識する行為であるとしてその方向性を求めることと，他方では，対応手続に意味を持たせ，対応とは企業経営の成果（収益）に努力（費用）を関連させて利益稼得力を表示する行為であるとしてその方向性を求めることとが，互いに矛盾なく整合性をもって両立するとは考えられない。会計手続モデルは，資産に対する負債と（期首）資本の差額と，収益に対する費用との差額とが一致すること，すなわち貸借対照表と損益

計算書が連携 (articulation) することを前提にしている。連携の条件のもと，一つのモデル内において「認識」のロジックと「対応」のロジックとが矛盾なく整合することは困難である。

この矛盾は，会計手続をプラクティスのレベルにとどめ，ロジックをつけないようにすれば，顕在化しない。会計手続をプラクティスのレベルにとどめておく一つの方策は，それを「コンベンション (convention)」であるとして，そのレベルにとどめることである。

(4) コンベンションとしての会計

コンベンションとは，広く承認を得ている約束事である。広く普及し，認められていることに，会計手続の正当性が求められる。この論理においては，会計手続は論理（ロジック）から遮断される。会計をコンベンションとする傾向は，過去の歴史に見られるところである。19世紀後半まで，会計手続はプラクティスのレベルにとどめられ，手続の論理（ロジック）は欠如する状態にあった。ストリー (Reed K. Storey) は次のように指摘している。

　「19世紀の後半までの会計と簿記の文献は，会計理論が欠如する際立った状態にあった。それらの文献は，ほとんどがテクニックと手続の記述から構成され，重大な程度において多くの論述が単に他の者のコピーであった。帳簿締切り時点での資産残高は，単に実地棚卸されたものであり，原価，低価，純実現価値，売価，その他の評価基礎すべてに言及されているために，そこでは明らかにどのような一般に認められた評価基準も存在しなかった。利害関係者すべては，通常，何らかの形で取引に関わっている者たちであるために，評価は，それらの者たちの間での何らかの合意にもとづく傾向にあった。[5]」

会計手続の適切性は，会計監査によって「一般に認められた会計原則 (Generally Accepted Accounting Principles：GAAP)」にしたがっているか否かによって認定される。当初，GAAPのPは，「原則 (Principle)」ではなく「実務

(Practice)」のことを意味していた。[6]「一般に (Generally)」は，後になってつけ加えられたもので，「承認された (Accepted)」についても，「ほんのわずかの会社よりも多くの会社によって承認を得たものでなければならない (had to secure acceptance by more than just a few companies)[7]」というものであった。GAAP の P は，何らかの規範，原理，ロジックを背景としたプリンシプルの P ではなく，普及し承認を得ているプラクティスの P，すなわちコンベンションとしての意味をもっていたのである。「承認されたプラクティス」（コンベンション）であることによって会計手続判断の適正性が認められる，という制度的な仕組みがあった。コンベンションは，理論的な妥当性を問題にしない。会計は，学者の学説によって発展するものでなく，実務のプロセスにおける会計手続の判断行為の結果として発展してきた。この意味からして，「会計は本質的にコンベンショナルなものである (Accounting is essentially conventional in nature)[8]」とする指摘は，会計の特徴をよく表している。このような思考は，会計手続判断をめぐって，資産と負債の価値評価による利益計算を求める「認識」の論理と，他方での，収益に対する費用の跡付けによって利益計算を求める「対応」の論理とが対抗することがあっても，それはロジックのレベルの問題であって，コンベンショナルなレベルにおいては，いずれが正しいか，白黒つけるべき問題とはされない。このような傾向は，1 世紀以上の昔のことのように思われるかもしれないが，実際のところ，今日においてもなおアメリカ会計の基底に連綿と流れている傾向である。ディチェフ (Illia D. Dichev) は，1970 年代以降，資産と負債の価値評価に焦点をおいた貸借対照表アプローチと費用と収益の対応に焦点をおいた損益計算書アプローチが厳しく対抗して，「これら二つのアプローチの間には内的，概念的な緊張がありながら，財務会計の実務レベルでは，両アプローチの間でのプラグマティックな妥協が常に存在していた[9]」という。「プラグマティックな妥協」という指摘のなかに，会計実務のレベルでは，会計の論理を問題とせず，会計をコンベンションとみる意識が根強くあることが想像される。

　会計が「認められた会計実務」，コンベンションにもとづいて，適正性が判

定される傾向は，1929年の大恐慌の経済的な危機が生まれるなか，大きく変化することになる。経済危機を契機に，俄然，会計理論に対する需要が高まった。この需要に応えたのが，費用・収益の対応の会計理論であった。

2. ペイトンとリトルトンによる対応の論理

(1) 会計理論構成の要素としての経済危機

　対応の会計理論は，実現収益に発生費用を跡付け，そのことにより企業の「利益稼得力」を表示するのを会計の目的としている。この理論は，1929年の大恐慌を契機とする一連の証券規制，会計改革の一環として設定されたものである。ワイミアとバス（Gregory Waymire and Sudipta Basu）は，「会計の形成発展は，経済危機と結びついた強烈な非継続性をもって特徴づけられる」[10]と指摘している。経済危機に対応して，これまでの会計の在り方からすれば，継続性を遮断したかのようなラディカルな会計改革の政治的行動がとられる。会計理論は，経済危機に対する一連の会計制度改革と結びつき，改革の基本命題を合理化し正当化する斬新な概念，論理を設定しようとする。会計の理論が，学説の内発的な発展によるものではなく，経済危機に反応した会計改革に触発されて構築される。対応の論理は，1929年の大恐慌という経済危機を契機として構築されたものである。

　対応の論理の形成を促した，経済危機とその時の会計改革の命題とされたものについて見ていこう。

　アメリカにおいては1920年後半から，絶え間のない固定資産の再評価が行われ，大恐慌以後，そのような実務が証券市場の深刻な事態を生み出したと攻撃されるようになった。資産再評価の廃止と取得原価主義が証券取引委員会（Securities Exchange Commission：SEC）の強いイニシャティブのもとにすすめられた。この場合の固定資産再評価に対する批判のポイントは，それが思いのままに「一般剰余金（general surplus）」を創り出し配当可能利益拡大の幻想を

生み出した,というところにあった。すなわち固定資産の再評価の廃止は,資産評価の問題すなわち借方の問題であるが,実態はむしろ,評価差額の処理の問題すなわち貸方の問題として生じたものである。リトルトンとジマーマン (A. C. Littleton and V. K. Zimmerman) は,この間の事情について以下のように述べている。

「おそらくこの無規制の時代において,固定資産会計の分野ほど企業データを好ましく見せかけようとする会計実務の悪用はどこにもなかったであろう。1920年代の全般的に良好な経済状態は,楽観主義の広がりを特に経営者層に生み出した。固定資産の市場価値が原価よりも高い場合に実現したものと見なすという考えが,固定資産の評価額を勘定に記録する会計実務に反映され,貸記額が広く普及し,また誤用された剰余金勘定に計上された。[11]」

「1920年代の高揚期に,固定資産の評価上げは,株式発行上のプレミアムが営業利益に含められたのと同じように,しばしば剰余金に多額の貸記を生み出した。剰余金勘定は,容易に多様な要素の混合体になることができた。このように,剰余金勘定は,通用の用語によって示される意味,すなわち『未配分利益 (undistributed earning)』勘定とは全く別の,何ものかになりつつあった。[12]」

「剰余金の濫用—これは営業利益と非営業利益,および評価益の乱雑な混ぜ合わせによって大いに可能であった—は,直接の借方記入や貸方記入を通じて期間の利益額を自由気ままに変えようと剰余金勘定を利用したことを物語っている。[13]」

かくしてメイ (George O. May) が言うように「資産を独断的に評価上げしたり,評価下げしたりして,剰余金に直接チャージするために,さまざまな方法を適用するような財務実務は,基本的に間違いであり,また危険である[14]」とされ,1930年代,SEC のイニシャティブのもと,一連の会計改革が行われた。

SEC は 1933 年証券法 (Securities Act) と 1934 年証券取引法 (Securities Exchange Act) のもと,上場会社の財務情報を統制するルールの設定とその実施に責任をもつ行政委員会として設立された (1934 年 7 月 2 日)。SEC は,設立の当初から,1920 年代の会計上の利益を生み出すためにとられた資産評価上げに対して激しい批判を投げかけ,SEC のコミッショナーのハーレイ (Robert E. Healy) の言葉にあるように「歴史的原価から離れた上方修正は,ま

さしく極悪非道（veritably heinous）のことである」とする強い姿勢を前面に押[15]し出した。このSECの態度のもと，アメリカ会計学会（American Accounting Association）は：「取得原価（original cost）」を強烈に支持する試案を公表した[16]（1937年）。この試案設定者の間では，「1920年代の見境のない資産の評価上げに嫌悪しそこからしりぞく」傾向があったという。このような状態のもとで，[17]ペイトンとリトルトンの理論は構築されたのである。その特徴は，「測定対価（measured consideration）」，「価格総計（price-aggregate）」，「利益稼得力（earning power）」，「原価の凝着性（cost attachment）」などの斬新な用語をもって，「エレガントな概念的な正当化の論理（elegant conceptual rationale）」を構築した。[18]正当化することははじめから決まっていた（すなわち取得原価主義の擁護）。後は正当化する論理を設定することである。経済危機対応の会計理論は，エレガントなものでなければならない。ペイトンとリトルトンによる理論は，そのエレガントさをもって，取得原価主義を擁護し，その結果として，利益を費用と収益との対応，その差額に限定する論理を展開した。

(2) 対応の論理の構造

　対応の論理は，会計記録の対象を交換取引に含まれる価格（「測定対価」）におき，収益の測定対価と，費用（資産の測定対価を再分類したもの）とを関連付け対応させることによって「利益稼得力」を測定する論理を説く。収益は「実現（realization）」すなわち販売時点で認識し，この実現収益に内的な関係をもった発生費用が対応され，その結果，期間利益が算定される。費用は，原価として取得された後，その測定対価を製品ごとにまた期間ごとに，あたかも「凝着力（a power of cohesion）」をもつかのように想定して，その内部的な移動と再結合を跡付け，最終的に，「成果」たる収益に対して，それを生みだした「努力」として対応される。その結果，収益と費用との差額としての利益が算定される。負債と資本も「取引価格のあらわれ」であり，債権者や株主が実際に拠出した金額が測定対価となる。資本は，株主によって「拠出された資本」

すなわち測定対価としての資本である。資本は，費用・収益の対応によって確定された利益の蓄積（利益剰余金）とは区別されなければならない。ここでは，利益とは損益計算書での収益と費用との対応によったものに限定され，それ以外のものの混入は許されなくなった。費用・収益の対応が会計の中心課題となるから，損益計算書は第一に重要な報告書とされる。貸借対照表は，収益と費用の対応を支える手段となるもので，損益計算書ほどの重要性はもたされない。貸借対照表は，資産と負債の価値を表示したものではなく，期間の費用と収益として解決されなかったもの，次期以降の収益と費用との対応を待機しているものが計上される。かくしてペイトンとリトルトンは，以下のように要約する。

「会計の基本問題は，発生した原価の流れを，期間利益測定の過程において現在と未来とに区分することである。このような区分を報告するのに用いるテクニカルな手段は，損益計算書と貸借対照表である。この両方とも必要である。損益計算書は当期への配分を報告し，貸借対照表は発生した原価のうち将来年度に合理的に適応できるとされる部分を表示する。貸借対照表はかくして，取得原価中未償却の部分，すなわちまだ差し引かれていない原価を次期以降に繰り越す手段として役立つものである。すなわち貸借対照表は，期間ごとの損益計算書を利益の流列を示す数値に結び付ける連結環としての役割を務めている。[19]」

対応の理論は，「取引価格ベースの会計」の理論を設定した。ここでは資産，負債，資本，収益，費用も取引価格（すなわち取引に含まれる測定対価，価格総計）によって計上される。それらはいずれも文書的証拠によって裏付けできるものである。このような「検証力ある客観的証拠」の文書証拠をもった取引価格を計上するということで，会計計算の客観性を誇示し，その結果，大恐慌前の「剰余金の濫用」と言われた会計実務（固定資産の評価上げによる評価差額や株式プレミアムを一般剰余金にプールするといった会計実務）は否定され，利益を費用と収益との対応，その差額に限定する論理を構築した。ペイトンとリトルトンは，そのエレガントな理論でもって，経済危機に対応した会計改革の政策

命題に応えたのである。

　会計の理論は，経済的危機に対応する会計規制の動きに触発されて構築される。それは学説の自律的な発展によって生み出されたものではない。学説の展開でみれば，例えば，大恐慌以前のペイトンによる1926年のテキストでは，貸借対照表中心，資産評価中心の理論が展開されていた。これが大恐慌の経済危機以後，突然，取得原価主義擁護，損益計算書第一主義の論者に変わる。このことは不思議に思われるかもしれないが，しかし会計の理論が経済危機に対応した，制度的な役割をもって構築されるものであるとすれば，ペイトン理論にみられる断絶は，なんら不思議のことではない。またペイトン理論の変化は，ペイトンの真意でなくリトルトンとの妥協によるものであったとされるが，この妥協による理論構築こそ，会計理論形成の特徴でもある。会計理論は，妥協と合意によって構築されるのを，常とする。このことは後の会計理論形成の歴史においても見られるところである。対応の論理は，二人の理論家の妥協と合意によって構築されたものであり，その後の特徴的な会計理論形成の始まりであったともいえる。

(3) 対応の恣意性

　原価を収益に対応させるには，まず第1段階として収益を稼得された期間に帰属させ，第2段階としてこの収益に原価を割付けるプロセスが成立する。第1段階の収益の期間割付けは，利益決定において「クリテイカル（critical）な段階」[20]で，販売時点すなわち実現の時点が選ばれる。この実現収益に関係をもった原価を期間に配分することによって第2段階の発生費用が計上される。対応の論理には，「対応」に並んで，「実現」，「原価」，「発生」の概念が含まれる。いずれも会計手続を示す以前から存在していた用語，すなわちコンベンショナルな用語である。対応論理はこのコンベンショナルな用語に対して特有のロジックを加えたものである。

　この対応の論理には，恣意的な性質が含まれている。対応においては，収益

は実現の段階で一定の確実性をもって認識されるが，収益に割付けられるべき発生費用の認定については，どのような客観的な基準も存在しない。そのために収益に対応すべき費用の計算は，恣意的にしか行いえない。収益に「直接対応」する製造原価（売上原価）と「期間対応」する期間原価（販売費・管理費）を確定しようとしても，その対応関係の認定は恣意的にしか行うことができない。ストリー（Reed K. Storey）は，以下のように指摘している。

「収益の測定は，販売基準が収益認識に採用されているために比較的容易であるが，実際的な問題は，コストの流れを資産要素と費用要素とに分類することにある。実現コンベンションの採用によって，まさしくこの部面こそ，最もコンベンショナルで恣意的な領域となった。コストは会計期間ごとに比較的容易に集計され関連づけられ，そして今日の会計は，十分にその原価処理を行っている。しかしコストは相当な困難性をもって，また恣意的な方法と手続の採用をもってしてしか，製品に関係させることができない。そこに現在の利益決定実務の弱さがある。

販売基準にもとづき収益にコストを対応させるため，そこでは疑いのない明確さをもって製造コストと期間コストに区分することはありえない。すべてのコストは収益に対しては同じ関係を有し，論理的にランク付け，優劣をつけることはできない。このようにコストを二分する方法は，おのずと恣意的なものである。実際の実務は，問題ある多くの手続を含んでいる。

同じく製造原価を製品単位に結び付けることは困難である。これを解決するに，会計人は，フィクションを利用しなければならないが，その多くは明らかに確信のもてるものではない。

実現のコンベンションのもとでは，原価配分における恣意的な手続を利用せずして費用と収益の対応が達成できないために，全体の手続の客観性は，深刻に問題にされなければならない。[21]」

またトーマス（Arthur L. Thomas）は，配分が「手の施しようのない恣意性（irremediably arbitrary）[22]」をもっているとしている。すなわちプロセスへのインプットは，「相互作用（interaction）」の効果のため，生み出されたどのアウトプットに関連するか，跡付けは不可能である。例えば労働と設備が合わされて相互作用する状態は，設備のないまったくの手作業だけの労働の状態と比べ

て，より多くの価値を生み出す。このインプット同士の相互作用のため，増加したアウトプットにインプットを跡付けることはできない。そのために配分は恣意的にしか行うことが出来ない。トーマスは，以下のように述べる。

　「われわれは財務諸表が会社の財務状態と営業成績の結果を公正に表示していることを検査している。われわれの収益認識と対応が正しさを証明することも検証することもできないような配分にもとづいている場合，これらの検査が真であるかどうか知る術がない。[23]」

　このように費用を収益に配分することには，その適正さを証明することも検証することもできないものであれば，恣意的にならざるを得ず，利益計算はきわめて恣意的なものとなる。対応の論理は，一面，取引価格ベースの論理をもって利益計算の客観性を誇示しているが，その実，費用の収益に対する対応のプロセスに大きな恣意の介入を許し，利益計算を弾力的なものとしている。

　対応と配分は，会計手続の一局面である。対応の論理は，これらの会計手続（コンベンション）に特有のロジックを加えたものである。ペイトンとリトルトンの対応の理論が成立した後，ストリーやトーマスに代表される批判者が現れた。[24] 彼らは対応と配分が恣意的であるとして批判する。トーマスにいたっては，「会計人は配分を止めるべき[25]」とし，「配分しないこと（allocation free）[26]」を主張している。しかし，配分を止めることはできない。それは，会計手続そのものであり，その手続を取り払えば，会計でなくなる。しかし対応と配分の論理・ロジックは，なくすことができる。対応と配分のロジックは，何人かの論者によって批判されるなかで，その権威を減退させていった。時代が進み，新しく発生した経済的危機に対応して会計改革が唱えられるようになると，対応と配分のロジックは完全に消えてなくなった。FASBは，「概念ステイトメント（Statement of Financial Accounting Concepts）」なる制度装置の必要性を唱え，1973年にそのプロジェクトに着手した。FASBによる概念ステイトメントの理論は，過去の理論の継承の結果生まれたものではない。対応の論理との間に

は，大きな断絶がある。FASB 概念ステイトメントの理論においては，対応はほとんど問題にされない。そこで展開の中心となったのは「認識」の論理である。

3. FASB 概念ステイトメントによる認識の論理

(1) 認識に焦点をあてた論理

　FASB 概念ステイトメントはその設定の目的を，「財務諸表の作成者とその他の財務報告に関心を持つすべての人にとって有用であると思われる会計選択を行わせるためのいくつかの一般理論または指針を形成する[27]」こととしている。概念ステイトメントは，会計基準設定機関の基準設定の指針となり，さらには個々の企業レベルで行われる会計選択の判断規準となるべきものとされる。そこで展開された理論は，「認識」に焦点をおいたものである。FASB において「認識 (recognition)」は「開示 (disclosure)」と区別される。「認識」とは「ある項目を資産，負債，収益，費用もしくはこれらに類するものとして，企業の帳簿に正式に記帳するかまたは財務諸表に記載するプロセスである[28]」とする。「開示」とは財務諸表本体以外の「脚注」での表示の意味をもつ。

　概念フレームワークにおける「認識」は，表示されるべき「経済現象 (the economic phenomena)」に向けられる。認識すべき経済現象は，会計情報利用者の意思決定に「適合性 (relevance)」をもったものとされる。「適合性」とは「意思決定に違いを生み出す情報の能力」，すなわち情報が得られた場合，得られない場合と比べて違った意思決定を生み出す要因となるもの，とされる。とりわけ投資家や債権者の情報ニーズは，他の利用者の情報ニーズとも共通し，それら資本提供者のニーズに適合したものが「一般目的の財務報告 (general purpose financial reports)」の認識内容となる。投資家や債権者の意思決定に適合した認識すべき経済現象とは何かといえば，それは「経済的資源とかかる資源に対する請求権及びそれらの変動[29]」であるとする。すなわち「ある企業の資

産と負債，及び事象がそれらに及ぼす影響ならびに事象が持分に及ぼす影響は，当該企業の財務諸表における認識の対象に値する[30]。」認識すべき経済現象は，「経済的資源（資産）」と「この資源に対する請求権（負債と持分）」の変化であるとされ，これらに変化を生み出す，「取引（transactions）」，「その他の事象（events）」，「環境（circumstances）」すべてが認識の対象とされる。

　この認識の論理においては，資産と負債の変動の認識が中心となり，費用と収益は，直接認識されるものでなく，資産と負債の増減の認識の結果として確定されるものとなる。資産と負債は以下のように定義され，費用と収益は，この資産と負債の定義に従属したものとなっている[31]。

資産：「資産は過去の取引または事象の結果として算定され，特定の実体によって取得またはコントロールされている，発生の可能性の高い将来の見積もり経済便益である。」
負債：「負債は，過去の取引または事象の結果として，将来他の実体に資産を譲渡するかまたは用役を提供する特定実体の現在の債務から生じる，発生の可能性の高い将来の経済便益の犠牲である。」
収益：「収益は，実体の資産のインフロー・増加であり，もしくは負債の減少である。」
費用：「費用は，資産のアウトフロー・その他の費消であり，もしくは負債の発生である。」

　概念フレームワークは，情報利用者の意思決定目的に適合した「経済的資源（資産）」と「それに対する請求権（負債，持分）」を認識することを会計の目標としているが，この場合の「適合性」の概念に加えて，会計情報の客観性を求める「信頼性（reliability）」の概念を設定している。「信頼性」とは，「まちがいのないこと，表示しようとしたことを忠実に表示していると受合うことができる情報の質」とされる。概念フレームワークにおいては，「適合性」が第一義的に重要な要請となっており，「信頼性」は第二義的なもので「適合性」に対するある種の拘束をかける要請となっている[32]。したがって経済現象は，「目的適合性」を満たし，要素の定義にかない，かつ「信頼性」の要請をみたして

測定可能性（measurability）のある場合に，認識が実行（trigger）される，ということになる。

(2) FASB 概念ステイトメントにおける利益概念

　FASB 概念ステイトメントにおける利益は，資産から負債を控除した純資産の変動額であるとされ，それには「包括利益（comprehensive income）」なる概念が付されている。包括利益は，以下のように規定される。

　　「包括利益とは，出資者以外の源泉からの取引やその他の事象および環境から生じる一会計期間における営利企業の持分の変動である。[33]」

　このような包括利益の特徴は，取引価格だけでなく，「その他の事象」や「環境」をも認識の対象に含めていることである。これは従来の取引価格ベースの会計と比べて，大きな変化である。
　利益は，資産価値と負債価値の変動に基づいて確定される。FASB 概念フレームワークは，利益を「価値変化」に結び付けた概念としている。ディチェフ（Illia D. Dichev）が指摘するように，「利益は『価値変化（change in value）』概念となる。『価値』を規定することなく価値変化概念を規定することはできない。かくして資産と負債の決定が論理的に先立って行われ，利益決定にとって代えられる[34]」。FASB 概念フレームワークにおいては，利益は，資産と負債の価値評価の結果，生み出されるものである。利益そのものが直接，算定されるのではない。あくまで資産価値と負債価値の変動の結果の産物としての意味をもつ。したがって資産と負債の価値を如何に評価するかということが重要となる。資産と負債の価値評価の概念として，FASB は近年，「公正価値（fair value）」なる概念に傾斜する傾向を強めている。公正価値は以下のように定義されている。

「公正価値とは市場参加者の間での通常の取引における資産の売却もしくは返済に際して受払される価格である。[35]」

このように FASB 概念フレームワークにおける利益は，資産と負債の公正価値に基づく価値変動の認識をもって算定されることになる。

(3) 制度装置としての概念ステイトメントの性質

FASB 概念フレームワークは，会計情報利用者の意思決定目的に適合した会計認識を説く。このような目的設定に関わらせて，会計の認識対象を確定することは，何人かの論者が指摘するように，論理上，不可能なことである。多様な利害関係者（経営者，会社の会計担当者，監査人，投資家，債権者，格付け機関，証券アナリスト，従業員，政府機関など）の利害はあまりにも多様であり，ここから一般的な会計認識命題を導き出すことはできない。会計に関係する者の利害の多様性と，財務情報の一般目的性とを両立させ，整合させることは，論理的に不可能である。ドプチとサンダー（Nicholas Dopuch and Shyam Sunder）は，利害関係者の情報ニーズをいくら記述しても，そのことが「政策を導く規範的な目標になることはない[36]」としている。また「主たる（primary）利用グループ」（投資家や債権者）を想定して会計目的を設定しても，情報のチャネルにおいては，情報の送り手と受け手とが「情報の双方向性」をもって互いに影響し合うから，主たる情報利用者の情報ニーズのみを切り離して，情報の送り手の影響を無視して，会計目的を設定することはできない。新情報システムに経営者が適応することは，また情報利用者の利害にも影響を及ぼすものであり，この関係からして「主たる情報利用者」の情報ニーズを純粋に想定することには無理がある。かくして，ドプチとサンダースは，以下のように指摘する。

「個々の目的を一致させることは，それらがあまりにも多様で矛盾するものであ

るから，政策を導くのに役立つことはできない。個々の目的の間において，共通するものは全くない。特定の利用者の優位性を想定した支配的グループの目的は，会計の市場における情報提供者の権限のあり方の経済的レアリティを反映したものとなっていないため，役立つものではない。あるがままの財務会計の性格を理解するにあたって基本的なこと，すなわち財務会計目的を解釈することの困難性，このことに対して，文献はほとんど注意を払っていない。[37]」

　目的設定による認識命題を設定することが論理的に不可能であるとして，それでもなお FASB は，なぜ概念フレームワークの構築をもってこの不可能性命題を追求しなければならないであろうか。概念フレームワークは，FASB が組織の威信にかけて，多額の予算を投入して取り組まれたプロジェクトであった。一応の完成を見た1985年までに，5つの「討議資料 (Discussion Memorandum)」と「暫定的結論 (Tentative Conclusion Document)」，7つの「公開草案 (Exposure Drafts)」，8つの「調査研究 (Research Studies)」が公表され，そして公聴会は6回，多くの書簡 (comment letter) による意見交換がなされた。理論の形成が，多くの文書の公表，意見の募集，討議，最終的な投票決議といった，合意と妥協，多数派工作の政治的プロセスをもって行われるといった事態は，他の学問分野では見られない会計学特有の傾向である。理論・学説は，真実究明のためのものであり，もともと妥協と多数派形成の政治プロセスとは無縁のはずである。しかし概念ステイトメントにとっては，普通のこととなっている。このような特異な理論構築を促したものとして，会計危機とそれに対応したプロフェッショナルな会計制度の権威を高める必要性があったことを上げなければならない。

　アメリカの会計制度は，法律による統制ではなく，会計プロフェッショナルの権威にもとづいて運営されている。会計士のプロフェショナルとしての権威が会計制度を支える源となっている。しかし度重なる会計不祥事が生じると，この権威が揺らぎ，「信頼性の危機 (credibility crisis)[38]」となり，会計改革を求める動きが生まれる。これまで会計基準設定は，「細切れの方法 (piece meal method)」，ケースバイケースの方法にもとづいて行われてきた。しかしその

ような「細切れの方法」では不十分であり，もっと幅広い概念に依拠した会計基準設定の必要性が唱えられた。会計概念ステイトメントは，会計危機に対応して現れたものであり，そのことがその理論の性格を規定している。意思決定目的に基づいて会計認識の命題を設定するという理論構築は，論理的に不可能であっても，プロフェッショナルな会計制度の権威を高めるためには必要なものである。したがってドプチとサンダーがいうように，「FASB は単に公共的立場を下から押し上げるために概念フレームワークを必要とした」[39]と見ることができる。すなわち，会計の「信頼性の危機」に対する対抗措置として，「会計プロフェッションの基準と権限，自主規制を正当化する」[40]ことが，概念フレームワークの形成を促したと思われる。会計理論は，危機を背景に成立する。概念フレームワークの理論も，危機に対応して構築されたものであり，その例外ではない。

　概念フレームワークがプロフェッショナル会計制度の権威を補強する手段として生まれたものであるとすれば，そのような制度装置は，会計人がプロフェッショナルとして会計制度運営にあたっている国々でのみ形成するものであるといえる。会計制度が法の権威の下で運営され，会計人がプロフェッショナルとしての権威を確立していない国においては必要とされない。会計概念ステイトメントが，アメリカやイギリス，カナダ，オーストラリア，ニュージーランドのような英語圏諸国で設定されるが，ドイツや日本におけるように，ほとんど必要とされず，また設定の試みがなされても，制度として実現せず，事実上必要とされることのない国があるのは，会計概念フレームワークがプロフェッショナル制度と深く結びついた制度装置であるからに外ならない。

　概念フレームワークの理論の性格は，論理的に可能か否かという分析によっては明らかにされない。それは会計プロフェショナル制度の権威を高める手段として設定されたものであり，それゆえ，構築されたその論理の性格は，その論理が生み出すところの独特の制度的な効果において分析されなければならない。概念フレームワークは，どのような論理の制度効果を持っているのであろうか。それは伝統的な対応の会計理論では見られなかった会計実務に対する効

果を生み出したことにある。すなわち,概念フレームワークが果たした論理効果とは,利益計算を取引価格ベース会計の枠組みから解放させることであり,また費用と収益との内的な関係の跡付けを不問にすること,これである。

(4) 費用と収益の関係を問わない効果

FASBの概念フレームワークにおいては,利益を,純資産の純変動額(資本取引から生まれたものを除いた)と意味付ける。したがって利益は,資産と負債の価値の変動に従属したものとなる。このような論理においては,利益は,資産と負債の変動に関係せしめられ,収益は資産の増(もしくは負債の減),費用は資産の減(もしくは負債の増)とされる。概念フレームワークのロジックにもとづいて,アメリカの会計学教科書も,収益と費用を以下のように説明している。

「収益は,顧客への商品の販売とサービスの提供からの資産のインフロー(もしくは負債の減少)を測定したものである。商品とサービスの提供との交換で,企業は資産(現金か現金支払の約束のいずれか)を受ける。企業は純資産を同時に生み出さずして収益を生み出すことはできない。
　費用は,収益を生み出すのに用いられた資産のアウトフロー(もしくは負債の増加)を測定したものである。売上原価または販売コストは,顧客に対して売却された棚卸資産のコストを測定したものであり,サービス業の企業にとっては,サービスの提供コストである。販売費と管理費は,期間中,受け入れられた販売と管理サービスとの交換で支払われた現金か,発生した負債を測定したものである。費用は資産の減少もしくは負債の増加を意味する。[41]」

このような概念規定においては,収益に対する費用の関係,その跡づけが,まったく不問に付されることになる。ペイトンとリトルトンによって主張された取引価格(「測定対価」)をベースにした対応のロジック,すなわち実現した収益(取引価格)に対して,取引価格(原価)を再分類した費用を対応させ,両者の内的関係を跡づける,といった論理は,全く無視されるものとなる。新

しい認識の論理においては，費用と収益は取引価格を基礎にして計上されなくてもよい，費用と収益は期間的に関連性をもたなくてもよい，ということになった。これが，FASB概念フレームワークの論理が生み出した制度的効果である。

　注意すべきは，認識の論理によって否定されたのは対応のロジックであって，対応の会計手続そのものではないことである。資産，負債，資本，収益，費用の5つの要素の増減を一つのシステムのもとに記録し，資産に対する負債と資本（期首）の差額と，費用と収益の差額を，貸借対照表と損益計算書に分解して利益を確定する会計手続モデルは，何ら変わっていない。費用と収益の差額を算定する対応の会計手続はなくなってはいない。消滅したのは，対応の会計手続に付けられたロジックである。対応手続は，費用と収益との関係を跡づける意味をもつものではなくなり，資産と負債の価値評価の結果，生み出されたものを並列させる意味をもつものへと変わったのである。

　会計手続を取引価格ベース会計の枠組みから解放させ，費用と収益の内的関係を不問にする傾向は，最近の，FASBとIASB（International Accounting Standards Board）による共同プロジェクトにおいて，さらに強められている。

　FASBとIASBは，「ノーウォーク合意（Norwalk Agreement）」を結び（2002年），FASBの会計基準と国際会計基準とのコンバージェンスが行われている。このようなコンバージェンスは，共通の概念基礎に依拠することでのみ可能である，ということで，概念フレームワーク構築のプロジェクトが両審議会によって取り組まれている。FASBは，2006年に討議資料（Preliminary Views）を，2008年に公開草案[42]を公表している。両審議会による新しい概念フレームワークの特徴は，「首尾一貫したシステム」として構築され，会計基準がこのフレームワークに準拠するよう求めていることにある。そこに注がれる努力は，「貸借対照表と損益計算書の二つの財務報告システム内に存在する一貫性のなさをなくすこと（ironing out）[43]」に向けられている。このような傾向は，例えば，収益認識について，従来の根幹の概念ともいえるものであった「実現」の概念ですら，会計概念から抹消しようとしている動きにも見られる。

2009年，FASBはIASBと共同して，収益認識にかかわる「討議資料（Discussion Paper）」を公表した。そこでは「契約ベース収益認識原則（contract-based revenue recognition principle）」が提示されている。それは，「収益は，顧客との契約における実体のネットのポジションにおける増加にもとづいて認識されなければならない」とするものである。企業が顧客と契約をむすぶと，その契約による権利（rights）と義務（obligation）との結びつきにより，「正味の契約ポジション（net contract position）」が生み出される。「正味契約ポジション」は，「契約資産（対価を受ける権利）」と「契約義務（財やサービスのような資産を移転する義務）」との差額を意味する。したがって「正味契約ポジション」が「契約資産」となるか，「契約負債」となるか，あるいはゼロとなるか，これらのいずれになるかは「残留する権利と義務の測定に依存している」。このモデルにおいては，「収益は，契約資産が増加するか契約負債が減少するかした時（もしくは両者が合わさった時），認識される」[44]。

このような収益認識においては，収益は「契約資産」と「契約負債」との差（「ネットポジション」）の変化とされる。ここでは，実現の概念は全く姿を消している。実現は，収益を直接認識する場合の時点選択に関わる概念である。収益を資産と負債の評価の結果として認識する論理においては，収益そのものに関わった実現の概念が現れることはない。

このようにFASBとIASBによる概念フレームワークの構築の動きは，ますます費用と収益の内的関係を問わないものにしている。利益計算を取引価格ベース会計から解放し，費用と収益との関係性を不問に付す，という効果は，これまで以上に徹底化されることになる。

(5) 公正価値評価の恣意性

FASB概念フレームワークの論理効果は，利益計算をこれまで以上に弾力的なものにした点にある。「経済的資源（資産）」と「この資源に対する請求権（負債と持分）」の変化を生み出す「取引」，「その他の事象」，「環境」を認識の

対象にするという論理は，取引価格ベースの会計と比べて，利益計算を限りなく弾力化させ，かつ恣意的なものとする。FASB概念フレームワークは，認識すべき資産と負債の価値を「公正価値」にもとづいて評価する要請を課しているが，この「公正価値」ほど，恣意的なものはない。

公正価値概念は，「公正（fair）」という誰も反対することができない「ワンダフルで強烈な表現[45]」を用いているが，その用語自体，何らかの評価属性を導くものではない。また「アンフェア（unfair）」と「フェア（fair）」との境界規準を設定するものでもない。ウィルソン（Alister Wilson）が指摘するように，「公正価値はそれ自体，測定概念ではない――それは単に基準設定者が市場（払出）価値を記述するのに採用した用語にすぎない[46]」のである。したがって「公正価値」の用語をいくら詮索しても，評価属性を見つけ出すことはできない。「公正価値」が「市場価値」であるならば，最初から「市場価値」の用語を用いればよいのであるが，FASBは，資産と負債の価値評価を行うのに，「非市場ベース（non-market-based）」の評価テクニックも評価基準に含めようとして，「市場価値」に代わる用語として「公正価値」を採用したといういきさつがある（本著第5章参照）。このいきさつが公正価値概念の特徴をよく表している。

FASBによる公正価値概念は，3つのレベルを有している。第1レベルは「観察可能な市場インプット（活発な市場での相場価格を反映したもの）」と，第2レベルは「類似の資産と負債の相場，もしくは活発性の欠ける市場での価格のような観察可能性をもったインプット」，第3レベルは「経営者がたてた仮定にもとづいて市場での価格を想定した観察することができないインプット」の3つのレベルのヒエラルキーを設定している。このうち第3レベルのものは，割引キャッシュ・フロー・モデルや，ブラック・ショールズ・モデルのごとき，評価テクニックによるものが中心になっている。「換言すればそれは経営者の将来予測に立ったもので，現在を反映したものではなく，本質的に内部でたてた仮定と，一般に評価することができない将来についての判断にもとづいている[47]」。すなわち，第3レベルのものは，「マーク・ツー・マーケット（mark-to-market）」でなく，「マーク・ツー・モデル（mark-to-model）」すなわち

「マーク・ツー・予測（mark-to-estimate）」のものである。

現代の会計において，公正価値の実際の適用状況を見ると，「財務諸表の事実上のすべての評価となっているのは，第3レベルのものである」[48]。第3レベルの公正価値評価は，経営者の恣意の介入を大きく許すものとなっている。ウィルソンは，以下のように指摘している。

> 「仮説設定による資産の公正価値を決めるにあたって，出発点となるのは，将来，何が起るかについての経営者の見通しと，関係する資産の業績についての経営者の予測である。これらの数値が，いくつかの（全部ではない）データとして数学モデルに提供される。仮説的な市場価格の計算においては，需要状況や利子率，為替レート，経済成長率，競争の影響のような，その他の多くの変数について経営者による予測がなされなければならない。これらすべてが，モデルによって生み出される『公正価値』額に影響を及ぼす。」[49]
>
> 「レベル3の決定に必要とされる数学的モデルは，ほんのわずかな修正が基礎的な仮定と予測に対して施されるだけで，非常に違った結果となってしまうことがよくある。会社経営者が仮説設定し，これらのモデルを全体として中立的に偏向なく適用すると想定するのは現実的ではない。」[50]

このように公正価値は，恣意的な性格を避けることができない。FASB 概念フレームワークによって設定された経済現象の認識の論理は，従来にもまして，恣意的な利益計算を許すものとなっている。この傾向は，FASB と IASB の共同による進行中の概念フレームワークのプロジェクトによって，さらに強められようとしている。

(6)「信頼性」用語の取替

FASB が IASB との共同プロジェクトをもって 2008 年に公表した公開草案（『財務報告の概念フレームワーク（*Conceptual Framework for Financial Reporting*）』）においては，これまでの概念フレームワークの基礎的な概念である「信頼性」の概念は取り払われ，「忠実な表示（faithful representation）」の概念に取り替え

られている。

「忠実な表示」とは、「現象の記述が適合性をもった現象と最もよく対応している」ことを意味する。「忠実な表示特性を適用することとは、提示された用語と数についての記述が表現すべき経済現象に対して忠実（もしくは非忠実）なものであるかどうか決定することである[51]」とする。「経済現象を誠実に表示する財務諸表は、取引や事象、環境の基礎のある経済的実質（economic substance）、それは法的な形式と必ずしも同じではないが、これを写し出す[52]」としている。このような「信頼性」を「忠実な表示」の用語に取り替えることの意味は、何であろうか。

「信頼性」の概念は、これまでの概念フレームワークにおいて「表示上の忠実性（representational faithfulness）」という、「忠実な表示」の新概念と同じ意味を持って設定されていたものである。その意味で「信頼性」も「忠実な表示」も概念内容においてさして変わりはない。しかし「信頼性」という用語には、会計計上されたものが実際の経済現象に照らして経験的に検証可能であり監査可能であるとする意味が随伴しやすい潜在性がある。会計認識は、経験的に検証可能であり、それゆえ監査可能であることによって、信頼ある適正な表示を生みだすという意味と、「信頼性」の用語は結びつく危険性がある。FASB概念フレームワークのねらいは、表現しようとした経済現象が「忠実に表現されている」という会計情報作成者の意図に還元させようとするものであり、経験的検証可能（監査可能）性を求めるものではない。「信頼性」という用語は、その意味でFASBの意図に反して誤解を生みやすい。そのような危険性のある用語は避け、経営者による会計表現の忠実性を問題にした用語に切り替える必要がある。「忠実な表示」の概念によって、認識される経済現象の経験的検証可能性、監査可能性を問う含意を払拭することができる。ここに「信頼性」から「忠実な表示」の用語の取り替えの理由があったと思われる。

「忠実な表示」のもとで展開される「検証可能性（verifiability）」の概念について、FASB概念フレームワークは、「直接の検証可能性」と「間接の検証可能性」の二つの概念を設定する。

「直接の検証可能性とは，表示額自体が，現金の計算や観察可能な市場性をもった有価証券とその上場価格の観察のように，検証されることである。間接の検証可能性とは，インプットされたものをチェックし，またアウトプットとなったものを何らかの会計コンベンションや方法を用いて再計算することによって検証するものである。[53]」

これら二つの概念のうち，新しく加えられたものは，「間接の検証可能性」の概念である。この概念により，第3レベルの「公正価値」も「検証可能性」の概念に適合したものとなる。観察不能で，経営者の予測に基づいた，「市場参照 (mark-to-market)」ならず「モデル参照 (mark-to-model)」(「作り事への参照 (mark-to-myth)[54]」ともなり得る) によって算出された数値も，「検証可能性」の要請を満たすものとなり，また「忠実な表示」の要請にかなうものとなる。経験的検証可能性，監査可能性の意味へ傾斜する危険性をかかえた「信頼性」の用語をもってしては，このような観察不能な「非市場ベース」の，将来予測によった評価額を「検証可能」と正当化するに，その力が弱い。

このように新しい概念フレームワークのプロジェクトにおいては，利益計算の弾力化，恣意性の強化の方向が見られる。

4．利益計算における「対応」の論理と「認識」の論理

「対応」の論理は損益計算書に焦点をおき，「認識」の論理は貸借対照表に焦点をおく。損益計算書と貸借対照表は，もともと一つのシステムのもとに記録されたものであるから，「対応」の論理と「認識」の論理とは，一つのシステムを，二つの異なった観点から扱っている，ということになる。「対応」の論理は，一つのシステムであるものを，収益要素と費用要素の内的関係の跡付けに光をあて，資産と負債は，費用と収益の関連付けの結果生まれたものであるとする。他方，「認識」の論理は，一つのシステムであるものを，資産と負債，それらの差額である資本の価値認識の面に光をあて，費用と収益は，資産と負

債の価値変動の結果生まれたものであるとする。一つのシステムに対して，違った解釈を加えているのである。会計手続モデルは，一つのシステムのものであるから，一つのシステムのもとに単に資産と負債，資本，収益，費用の項目の増減を記録したもの，それ以上の意味はもたない，ということで済ますことはできないであろうか。これができないのは，貸借対照表が「財政状態」を，損益計算書が「営業成績」を表示したものであるとする一般的な想定もしくは期待が堅固に存在しているがためと思われる。貸借対照表と損益計算書の一般的な記述モデルを示すと，以下のように表現される。[55]

「貸借対照表は，コントロール測定の目的のため，実体の個別に分離できる資産と負債についての価値（the value of the entity's separable assets and liabilities）に関する情報を提供する。」
「損益計算書は，経営業績測定（managerial performance measurement）に有用な情報を提供する。」

貸借対照表が「資産と負債の価値」に関する情報を提供し，損益計算書が「経営業績」の情報を提供するという想定もしくは期待は，現実の実務過程において堅固に存在している。ここから，貸借対照表が真に資産と負債の価値を表示すべき，あるいは損益計算書が真に「営業成績」を表示すべき，とする当為的な命題へと発展する可能性がある。単なる「価値表示」あるいは「営業成績表示」の記述が，「そうであるべき」という当為命題に向かうと，それはもともと一つのシステムのもとで記録されているものであるから，「個別資産価値情報」表示と「経営業績測定情報」表示とが，一つのシステムのなかで矛盾なく整合して追求できるかと言えば，それは不可能である。現在の会計手続モデルが，貸借対照表と損益計算書との連携を前提にしているかぎり，一つの記録システムのもとで，「個別資産価値情報」と「経営業績測定情報」を矛盾なく作成することはできない。会計の論理構築は，いずれかに重心をおくか，その選択をせずして行うことはできない。

「対応」の論理，すなわち実現収益に関連性をもった費用を原価配分にもと

づいて対応させるという論理を追求すれば,「個別資産価値情報」としての貸借対照表機能は否定される。「認識」の論理,すなわち資産と負債の公正価値評価によって純資産の変動額（包括利益）を算定するという論理を追求すれば,「経営業績測定情報」としての損益計算書機能は否定される。一つの会計手続モデルにおいては,「個別資産価値情報」表示と「経営業績測定情報」表示とを,同時に追求することは不可能である。したがっていずれかのサイドに立って理論構築がなされることになる。

「個別資産価値情報」表示か,「経営業績測定情報」表示か,一方だけのサイドに立っての論理構成は,現実の貸借対照表と損益計算書に対して抱かれている一般的な想定もしくは期待と対立することになる。例えば,「認識の論理」をもって「個別資産価値情報」表示の貸借対照表に焦点をあてた論理が構築されると,現実の損益計算書の「経営業績測定情報」表示の想定もしくは期待と矛盾することになる。損益計算書に対するこのような想定もしくは期待が堅固にあるかぎり,「認識の論理」は,論理の首尾一貫性を追求することを止めて,現実と妥協し論理の修正をはからざるをえない。このような典型的な事例を,「その他の包括利益（Other Comprehensive Income：OCI）」なる概念設定に見ることができる。

FASBは,貸借対照表中心の論理を展開して,純資産の増加分（資本取引を除く）を「包括利益」とした。これによって利益は,資産と負債の価値変動にもとづくものとなり,その価値の純変動分となった。ここでは,利益は,費用と収益の対応によっては計算されないものとなる。しかし現実の実務レベルにおいては,損益計算書を「経営業績測定情報」表示のステイトメントであるとする堅固な想定もしくは期待が存在し,貸借対照表と損益計算書が連携する前提条件にあっては,「包括利益」表示は,現実の損益計算書に対する想定もしくは期待に反した事態を生み出す。そのためにFASB概念フレームワークは,以下のような論理操作をもって,自らの理論に修正を加えることになった。

FASBは,「包括利益」概念の設定にあたって,「包括利益」の一部となる「稼得利益（earning）」なる概念を設け,「稼得利益」以外の包括利益を計上す

る領域を設けることにした。FASB自身が述べているように,「包括利益」という新しい用語を創出したのは,「稼得利益」に「包括利益とは異なった意味づけを与え,包括利益を構成する一要素とする[56]」ためである。「稼得利益」は,「期間の業績を示したもので,その期に関係しない項目—他の期間に本来帰属する項目を極力排除したもの[57]」である。この「稼得利益」の設定によって,「稼得利益」に含まれない包括利益の領域が生み出される。1997年のFASBの会計基準(SFAS No.130「包括利益の報告(*Reporting Comprehensive Income*)」)では,「稼得利益」は「純利益(net income)」に置き換えられ,「純利益」に含められない包括利益は「その他の包括利益(OCI)」として正式に概念化された。このような「その他の包括利益(OCI)」の設定こそ,「認識」の論理がその体系性を推し進めるうえで,現実の損益計算書に対する堅固な想定もしくは期待を無視することができなかった,その表れと見ることができる。

一般に,貸借対照表上の純資産(持分)の変動分(資本取引を除く)は,損益計算書上の利益と等しく,損益は損益計算書においてのみ算定され,それを経由せずして持分に計上されることがない状態を「クリーン・サープラス(clean-surplus)」という。これに対して,損益項目を損益計算書に計上せず純資産(持分)の一部にして報告することを「ダーティ・サープラス(dirty-surplus)」という。「認識の論理」は,その論理を突き詰めると,「経営業績測定情報」の表示たるべき損益計算書に対する想定もしくは期待と矛盾した事態を生み出すため,結局は損益計算書を経由しない各種の包括利益(「その他の包括利益」)を純資産(持分)に計上する妥協策がとられ,そのことのために「ダーティ・サープラス」の状況が生まれる。このような傾向について,コハリ(S. P. Kothai)等は,以下のように指摘している。

「まず,われわれはなぜ,ダーティ・サープラス会計がわれわれの展開するGAAPの経済モデルからおのずと生じるかについて述べる。
　クリーン・サープラスのもとでは,純資産に影響を及ぼすすべての取引と,所有主との取引でないものは,損益計算書に記録され,貸借対照表の留保利益に計上される。この会計は,株主持分の二つの要素,払込資本と留保利益からなる。

しかしながら，損益計算書と貸借対照表は異なった目的のためのものであるから，財務報告の必然的な属性としてクリーン・サープラス会計は成り立たない。特にクリーン・サープラス会計の下での利益の一部として含められる一定の項目は，実体の経済的業績と期間の経営について有用な情報を提供するものではない。現行の合衆国の GAAP のもとでは，その他の包括利益（OCI すなわちダーティ・サープラス）の3つの構成要素がある。それは市場性のある投資株式と特定のデリバティブ証券の未実現損益，外国通貨換算損益，最小限年金負債修正の影響額がある。これら3つの項目は，期間中の経営業績についての有意義な情報を提供するものでないために（ほとんどの非金融実体については実体の営業成績を提供するものでないために），損益計算書から排除されるべきであると見るのが合理的である。[58]」

　会計の理論は，会計手続モデルを適正なものとして合理づけるものとして，プロフェッショナル会計制度の権威を高める制度的機能をもって設定された。それは対応の手続，認識の手続，といった会計手続モデルの一面に焦点をあて，それに特別の意味付けを行って論理構築されたものであった。それらは会計手続モデルを正当化すべく，合意の政治的プロセスを通じて設定され，それゆえ，その性質は，制度としていかなる機能を果たすか，というところに求めなければならない。それが学説として真であるか，いずれが正しいか，と議論すべきものではない。

　それでは「対応」の論理の衰退，「認識」の論理の形成を促した根拠はどこにあったのであろうか。私は，この半世紀にもわたった会計実務の変化にその根拠があると考える。現実の会計実務変化こそ，会計の論理の変化を生み出したものである。対応概念の消滅の根拠は，実際の会計実務の変化に求めることができる。

5. この半世紀における会計実務変化

(1) 費用と収益の対応関係の喪失

　「収益と，同一期間内の費用との間の関係は，この40年の間に弱くなっている」[59]。「収益と費用の期間的関連性の減退」が生じ，「会計対応は年を経るとともに悪くなっている」[60]。このような指摘をする者は，ディチェフとタング(Dichev, Ilia D. and Vicki Wei Tang) である。彼らは，FASBが設立され概念フレームワークのプロジェクトが実施されてより今日に至るまでの期間（1967年から2003年まで），大規模会社1,000社を対象に，34,785のサンプルの調査から，このような実証結果を明らかにしている。

　ディチェフとタングは，「完全対応 (perfect matching)」すなわち「すべての適合性のある費用が関連の収益に対して対応される状況」を想定し，これに反して「完全対応の状態から離脱している費用認識の方法」を「貧弱な対応 (poor matching)」と規定する[61]。「完全対応」においては，同じ期間内で経済的な収益に経済的な費用が対応し，利益は持分資本コストと等しいと仮定される。「貧弱な対応」においては，会計計上された費用が「完全対応」の場合の費用と異なる。「完全対応」の費用（経済上の）と，「貧弱な対応」の費用（会計上の）との「差 (random variable)」は，当該年度の費用のミスマッチと，過年度のミスマッチ費用の当該期間に対する関係から生じる。対応関係は，当該期間のミスマッチが大きくなると悪化する。このようなモデルをもって，対応の歴史的な傾向についての実証分析がなされる。

　実証の方法は，収益，利益，費用のボラティリティを，直近5年間の平均資産でデフレートされた数値に対する標準偏差をもとに算定する。費用と収益の相関は，直近5年間の調整された収益と費用に対する相関として算定される。利益と収益，費用は2年度ごとを単位としての平均化された数値が用いられ，この利益と収益，費用のボラティリティが直近5年間の数値に対する標準偏差

図表 1-3　過年度，当年度，次年度の費用への収益の回帰

モデル：$Revenues_t = \alpha + \beta_1^* Expenses_{t-1} + \beta_2^* Expenses_t + \beta_3^* Expenses_{t+1}$

年度	過年度の費用係数 (Coefficient on past expenses) (β_1)	現在年度の費用 (Coefficient on current expenses) (β_2)	次年度の費用係数 (Coefficient on future expenses) (β_3)
1967年～1985年平均 (a)	0.007	1.031	−0.020
1986年～2003年平均 (b)	0.101	0.882	0.034
変化規模 (b)−(a)	0.094	−0.149	0.055

　利益は，資産平均でデフレートされた特別項目控除前の利益である。$Revenues_t$ は，資産平均でデフレートされた当期の純収益である。$Expenses_t$ は，当期の収益と利益の差である。$Expenses_{t-1}$ は，過年度の収益と利益の差である。$Expenses_{t+1}$ は，次年度の収益と利益の差である。回帰はクロスセクション・ベースで毎年度行われる。過年度，現在年度，次年度の費用についての傾斜係数は，図表にて示される。

出所）Dichev, Illia D. and Vicki Weil Tang, Matching and the Changing Properties of Accounting Earnings over the Last 40 Years, *The Accounting Review* 83(6), 2008, p.1437.

として算定されるのである。これにより利益のボラティリティの変化傾向が測定される。

　このような分析の前提をもとにして，過年度，現在年度，次年度における費用に対する当期の収益の回帰分析を行い，図表1-3にみるような時系列の係数の変化を明らかにしている。この表から以下のことを指摘している。

　「費用の係数は，調査年度の最初では1をわずかに超える高い一貫した値にて出発しているが，しかし調査期間の後半では非常に低くより定まりのない状態となっている。数値を見ると，サンプルの期間の前半は平均1.03であったのが，サンプル期間の後半では平均0.88に減少しており，その差は0.15であり，統計的に高度に有意となっている。これとは対照的に，過去と将来の費用に対する係数は，調査期間の出だしはゼロに近くもしくはゼロ以下であったのが，後になると大きく増大し，明らかにボラティリティが増大している。この増大傾向は特に過去の費用に明瞭であり，係数の平均はサンプル期間の前半では0.007，後半では0.101となり，0.094増加し，統計的に高く有意となっている。[62]」

このような調査結果から，ディチェフとタングは，「対応は期間を通じて悪くなっている」，「収益と同期間内の費用との相関関係がこの40年間にわたって悪くなっている」，「貧弱な対応が，費用を関連性を持った収益から切り離して他の期間にまき散らし，その結果収益とそれと同じ期間の関連性を持たない費用との間の関係を増大させた」[63]としている。

図表1-3からも明らかなように，過年度の費用係数が1967年から1985年の間の平均値が0.007であったのが，1986年から2003年の間の平均値が0.101と，0.094上昇している。現在年度の費用係数が，同じ期間，1.031から0.882へと0.149下落しているのと比べると対照的である。このような変化についてディチェフとタングは「費用が関連の収益の前に拡大計上されたことを意味し，期間にわたって，保守主義が増大したことの証拠」[64]であるとしている。すなわち，費用の収益に対する対応関係の減退は，費用を早期に計上する保守主義会計実務の普及にあった。「保守主義は『貧弱な対応』の形態と見ることができる」[65]としている。

(2) 会計利益の縮小化

FASBの設立と概念ステイトメント・プロジェクトの進行といった歴史過程は，収益に対する費用の対応関係が減退した過程でもあった。費用と収益の対応関係の減退を生み出したものは，費用を早期に計上し会計上の利益を縮小化する保守主義会計実務であった。保守主義会計の実務がどのように普及したかについて，ギボリーとハーン（Dan Givoly and Carla Hayn）による実証研究から明らかにしよう。

ギボリーとハーンは保守主義会計実務を検証するにあたって，保守主義を以下のように定義する。

「保守主義とは，収益の認識を遅らせ，費用の認識を早め，資産を低く評価し，負債を高く評価することによって，累積の報告利益（cumulative reported earnings)を最小限に導く会計原則間の規準選択である。[66]」

 ギボリーとハーンは,「長期にわたった発生の累積の徴候と規模[67]」として保守主義を規定しその検証を行う。すなわち発生主義のもとでは,ある期の利益縮小は後の期の利益拡大となって逆戻り(reverse)する傾向が生れる。ある期間,純利益が営業活動のキャッシュ・フローを下回って計上されても,後の期間にはポジティブな発生となり,長期的にみれば,減価償却前純利益の累積額が営業活動のキャッシュ・フローに収斂する。このような,ある期の利益縮小が後の期の利益拡大となり,全体の期間を通じてみれば,減価償却前純利益の累積額と営業活動キャッシュ・フロー累積額が収斂するような状態になっておれば,保守主義とはいえない。「ネガティブな発生純額の累積割合は,期間を通じて保守主義の規模の変化を示す指標ではあるが,ネガティブな発生が長期にわたって一貫して支配していること,これが保守主義の指標となる[68]」として,以下の経験的証拠を提示している。

 ギボリーとハーンは,1950年から1998年の49年間にわたった企業の利益とキャッシュ・フローのパターンを示している(サンプル企業896社)。図表1-4にあるように,総資産利益率と営業活動キャッシュ・フロー対総資産比率の歴史的趨勢をみると,総資産利益率(Return on Assets:ROA)については,1950年から55年では8.1パーセントであったのが,1991年から98年にかけては2.8パーセントにまで下落している。また損失を計上する頻度(企業数の割合)も増加している。この場合,総資産利益率(ROA)の低下や損失計上の頻度の増が企業の経済業績の実際の下落に伴って生じたものなのか,それとも会計操作によって創り出されたものなのかが問題となる。そのことをみるために営業活動のキャッシュ・フローの歴史的変化を見る。営業活動のキャッシュ・フローは,発生主義による会計処理に影響されることなく,企業の営業業績と強い関係をもっている。そこで,「営業活動キャッシュ・フロー対総資産比率(cash flows from operations(CFO)-to-assets ratio)」の変化を見ると,それは大きく減少することもなく1950年から98年の間,9%前後の水準を維持

第1章 対応概念はなぜ消えた？ 43

図表1-4 総資産利益率，営業活動キャッシュ・フロー対総資産比率の変化

年度	純利益対総資産			営業活動キャッシュ・フロー対総資産		
	損失の頻度（％）	総資産利益率		マイナスの頻度（％）	営業活動キャッシュ・フロー対総資産比率	
		平均	中央値		平均	中央値
1950〜1955	1.31	0.081	0.077	11.02	0.097	0.101
1956〜1960	2.55	0.075	0.069	10.57	0.090	0.095
1961〜1965	3.98	0.071	0.066	12.41	0.085	0.090
1966〜1970	5.23	0.066	0.062	17.54	0.066	0.072
1971〜1975	7.68	0.056	0.056	13.60	0.083	0.084
1976〜1980	6.74	0.064	0.067	10.67	0.094	0.095
1981〜1985	13.57	0.049	0.056	10.09	0.104	0.107
1986〜1990	16.54	0.039	0.050	8.19	0.093	0.092
1991〜1998	20.29	0.028	0.043	6.57	0.088	0.089

＊ Givoly, Dan, Carla Hayn, The Changing Time-Series Properties of Earnings, Cash Flow and Accruals: Has Financial Reporting Become More Conservative? *Journal of Accounting and Economics* 29, 2000, p. 297, p.302 より作成。

していることが分かる。利益と比較して，キャッシュ・フローがマイナスになったこともなければ「営業活動キャッシュ・フロー対総資産比率」が減少することもなかった。したがって「利益力の下落は，基礎的なキャッシュ・フローの分配上の変化の結果ではなく，むしろキャッシュ・フローと利益との関係の変化，すなわち会計発生における変化から生まれたものであることを，これらの結果は強く示唆している」[69]。長期間において見れば，減価償却前の純利益額の累積は，営業活動のキャッシュ・フローに収斂すると考えられるが，最近の20年の期間，そのような収斂は全く見られない。営業活動キャッシュ・フローの水準は変わらないままでの，総資産利益率（ROA）の一方的な下落がつづいているのである。

ギボリーとハーンは，減価償却前利益の累積額と営業活動キャッシュ・フ

ローの累積額を 1950 年代から 1990 年代後半にかけて比較して検討している。その結果，前者の額が後者の額より低くなる傾向を見出している。普通，発生主義会計のもとでは，減価償却前利益が縮小計上されると後の期には拡大へと作用するが，しかし実際の会計実務の傾向を見ると，その「発生（減価償却費を除く）額が期間を通じてキャンセルされていない（すなわちゼロに向かって収斂しない）[70]」とする。特に，1980 年から 98 年にかけての累積減価償却前純利益額は，累積営業活動キャッシュ・フローを下回る傾向，「ネガティブな発生額の継続的な累積」傾向が強く見られる。すなわち「最近年における減価償却前利益は組織的に継続的に営業活動キャッシュ・フローを下回っている[71]」としている。

発生会計によって作り出された利益の縮小化の傾向は，一体，どのような会計実務によることが多いのであろうか。ギボリーとハーンは，このことを明らかにするために，「発生」を「営業発生（operating accrual）」と「非営業発生（nonoperating accrual）」とに区分する。「営業発生」とは「運転資本」に相当するもので，以下の公式に示される（△は変動を意味する）。

「営業発生」＝△売掛金＋△棚卸資産＋△前払費用－△買掛金－△支払税額

そのうえで「営業発生」の範疇に入らない発生，すなわち「非営業発生」についての期間を通じての累積額の変化を検証している。その結果，「非営業発生の累積は相当に大きくマイナス額となって，サンプル期間を通じて着実に増加している。ネガティブな純額の累積は，より近年になるほど著しいものがある。非営業発生の総累積額は，実に大きく，その期のサンプル企業の累積売上高の 2.8％，1998 年度末の総資産額の 32.2％となっている[72]」。これらのマイナスの「非営業発生」累積を生み出した会計実務として，ギボリーとハーンは，貸倒引当金の繰入れ，リストラ費用の計上，評価の変更に伴う修正額，資産の売却損益，資産の評価下げ，費用の資本化と費用化，収益の繰延等をあげている。そして「これらのいくつかは GAAP によって決められているものであり，

そのほとんどについて，計上のタイミングと金額が経営者の裁量に従ったものである」[73]。かくして「ネガティブな非営業発生の普及と大規模な累積の傾向は，最近の数十年の間に保守主義の報告が増大したことを物語っている」[74]とする。

このように，「全体的な結果を考慮すると，この20年の間において，より保守的な財務報告が示されている」[75]として，ギボリーとハーンは，「財務報告における保守主義のより大なる傾向」[76]を指摘する。

以上に見たギボリーとハーンによる保守主義会計実務の分析は，1990年代後半までのものであるが，2000年代に入っても，保守主義会計の傾向はなおも強まっている。2002年にサーベンス・オックスリー法（Sarbanes-Oxley Act：SOX法）が制定されたこともあり，「SOX法以降，企業は財務報告においておしなべてより保守的になった」[77]との実証結果もある。

お わ り に

これまでペイトンとリトルトンに代表される「対応」の論理から，FASBの概念フレームワークの「認識」の論理への転換の歴史的過程を概観した。そこでは「対応」のロジックが消えてなくなったことが明らかにされた。対応のロジックの消滅をもたらしたのは，何であろうか。それは，現実の会計実務において利益縮小化の過程が進み，費用と収益の対応関係そのものを破壊する過程が進行したことをあげることができる。「対応」の論理をもってしては，このような実務過程をもはや合理化できない。FASB概念フレームワークの「認識」の論理は，費用と収益の内的関係を問わない，取引価格に制約されない利益計算の論理を設定することによって，このような利益縮小化の実務過程に適応した。「認識」の論理は，「対応」の論理とは断絶した論理を構築して，極めて弾力的な利益計算を可能にした。この利益計算の弾力性を推し進める論理は，実際のところ利益を縮小化する会計実務の進行を促進させた。

FASBによる概念ステイトメントのもと，多くの会計基準が表明されてきた。これらの会計基準の圧倒的に多くは，保守主義に傾斜したものであった。

ギボリーとハーンは,「一般に認められた会計原則が保守主義バイアス (conservative bias) を組み込んでいる事実は,広く認められている」[78]と指摘し,さらに,「近年,財務報告はより保守主義的になったことを示している。その証拠として FASB のプロナウンスメントがあり,それらは費用と損失の認識を早期化もしくは収益認識の遅延の効果を有するものである」[79]と述べている。

ギボリーとハーンが「保守主義バイアス」の会計基準として挙げているものは,以下の会計基準である。

試験研究費の会計基準:試験研究費を資本化(資産に計上)せず即時に一括費用化する (SFAS68, *Research and Development Arrangements*, 1982)。

退職医療給付の会計基準:従業員の退職後の将来時点で支払われる医療給付を評価し期間に発生した債務(負債)と費用を計上する。(SFAS 106, *Employer's Accounting for Postretirement Benefits Other Than Pensions*, 1992)

貸付金等の減損の会計基準:回収不能の可能性の高いローンについて減損額を費用計上する。(SFAS114, *Accounting by Creditor for Impairment of a Loan* (1993)

長期命数資産の減損の会計基準:減損の兆候を示している長期命数資産について減損額(回収可能性のない将来キャッシュ・フロー額)を費用計上する。(SFAS121, *Accounting for the Impairment of Long-Lived Assets and or Long-Lived Assets to be Disposed of*, 1995,―後に改正,SFAS144, *Accounting for the Impairment or Disposal of Long-Lived Assets*, 2001.)

ストックオプションの会計基準:従業員に対する株式購入権の付与時点でオプション価値を評価し,(報酬)費用と資本(剰余金)に計上する。(SFAS 123, *Accounting for Stock-Based Compensation*, 1995 ― 後に改正,SFAS123 (revised), *Share-Based Payment*, 2004)

これらの会計基準にさらに以下の会計基準をつけ加えることが出来よう。

偶発損失の会計基準:発生そのものの不確実性が伴う事象のうち発生の可能性の高い偶発損失を費用と負債に計上する。(SFAS 5, Accounting for Contingencies, 1975)

年金会計の会計基準:将来の年金に関わる予測給付債務の増加額を期間の費

用と負債に計上する。(SFAS 87, *Employer's Accounting for Pension* (amended), 1985)

　繰延税資産評価引当金の会計基準：税効果会計適用によって生じた繰延税資産に対して将来実現しない可能性が50％をこえる部分に対して評価引当てを行い費用化する。(SFAS 109, *Accounting for Income Taxes*, 1992)

　長期資産除却債務の会計基準：長期資産の除却についての将来キャッシュ・アウトフローを見積りその現在価値を資産と負債に計上し，以後，減価償却費と利子費用の費用計上を行う。(SFAS 143, *Accounting for Asset Retirement Obligation*, 2001)

　のれんの減損の会計基準：取得のれんを企業内の報告単位に割付け，以後，当該のれんの想定される価値が簿価を下回った場合に減損額を費用計上する。[80]のれん価値の増加がある場合は認識しない。(SFAS 142, *Goodwill and Other Intangible Assets*, 2001)

　これらの会計基準は，FASB の概念ステイトメントの理論に支持されて設定されてきたものである。これらは，資産の縮小，負債の拡大，費用・損失の早期見積もり計上を促進する保守主義バイアスをもった会計基準である。これらの会計基準は，FASB による概念ステイトメントの理論によって，その設定が正当化され，促進されたものである。

　このような保守主義バイアスの会計基準は，FASB 概念フレームワークによる正当化を受けて公式化されたものである。FASB 自体は，保守主義について批判的なスタンスをとってきたが，それにも関わらず，その概念フレームワークのもと，利益縮小化の保守主義会計実務が大掛かりに進展した。ホルトハウゼンとワッツ (Holthausen and Ross L. Watts) が指摘するように，「保守主義の会計実務が飛躍的に進行するのは，FASB が会計基準を設定するようになってからのことである」。「合衆国の上場企業の利益における保守主義は FASB の時代に大きく増大した」[81]。利益縮小の保守的会計実務は，FASB によって推進されてきたものである。FASB 概念フレームワークによる「認識」の論理は，「対応」の論理では合理化できない，利益縮小の会計実務過程を合理化する制度的な役割をもって成立したものと考えられる。

(1) Evans, Thomas G., *Accounting Theory, Contemporary Accounting Issues*, 2003, p.200.
(2) Dichev, Illia D., On the Balance Sheet-Based Model of Financial Reporting, *Accounting Horizons* 22(4), 2008, p.455.
(3) Ibid., p.469.
(4) 宮上一男『企業会計の基礎』, 森山書店, 1969年, 59頁。
(5) Storey, Reed K., *Matching Revenues with Costs*, Dissertation, 1958, Arno Press, pp.42-43.
(6) Zeff, Stephen A., Commentary: A Perspective on the U. S. Public/Private-Sector Approach to the Regulation of Financial Reporting, *Accounting Horizons* (March 1995), cited from *Readings & Notes on Financial Accounting*, edited by Stephen A. Zeff and Bala G. Dhran, p.54.
(7) Ibid., p.54.
(8) May, George O., *Financial Accounting*, 1946, chapter 1.
(9) Dichev, Illia D., op.cit., p.455.
(10) Waymire, Gregory and Sudipta Basu, *Accounting is an Evolved Economic Institution*, Now Publishers Inc, 2008, p.24.
(11) Littleton, A. C., and V. K. Zimmerman, *Accounting Theory: Continuity and Change*, 1962, p.130.
(12) *Ibid.*, pp.100-101.
(13) *Ibid.*, p.131.
(14) Grady, P. (edited), *Memoirs and Accounting Thought of George O. May*, 1962. P.106.
(15) Zeff, Stephen A., The SEC Rules Historical Cost Accounting 1934 to the 1970s, *Accounting and Business Research*, 2007, cited from Stephen A. Zeff, *Insights from Accounting History*, p.492.
(16) American Accounting Association, *A tentative Statement of Accounting Principles Affecting Corporate Reports*, 1937.
(17) *Ibid.*, p.494.
(18) *Ibid.*, p.494.
(19) Paton, W. A. and A. C. Littleton, *An Introduction to Corporate Accounting Standards*, American Accounting Association, 1940, p.62.
(20) Storey, Reed K, *Matching Revenues with Costs*, Arno Press, 1958, p.8.
(21) *Ibid.*, p.72.

(22) Thomas, Arthur L., *The Allocation Problem: Part Two*, AAA, 1974, Accounting Research #9, p.xiii.
(23) Thomas, Arthur L., The FASB and the Allocation Fallacy, *The Journal of Accountancy* (November 1975), cited from, edited by Harry I. Wolk, *Accounting Theory Vol.1*, p.207.
(24) スターリング (Robert R. Sterling) も対応と配分の論理に対する批判者として忘れてはならない。スターリングは，対応と配分が，「経験的に検証することが不可能」のために，手続採用者の恣意にまかされる，としている。(Sterling, Robert R., *Theory of the Measurement of Enterprise Income*, Lawrence, University Press of Kansas, 1970)
(25) Thomas, Arthur, L., *The Allocation Problem: Part Two*, AAA, 1974, Accounting Research #9, p.xiii.
(26) Thomas, Arthur L., The FASB and the Allocation Fallacy, *The Journal of Accountancy*, November 1975, cited from, edited by Harry I. Wolk, *Accounting Theory Vol.1*, p.212.
(27) FASB, Statement of Financial Concepts No.2, *Qualitative Characteristics of Accounting Information*, 1980, para. 11.
(28) FASB, Statement of Financial Accounting Concepts No.5, *Recognition and Measurement in Financial Statements of Business Enterprises*, 1984, para.6.
(29) *Ibid.* summary.
(30) FASB, Statement of Financial Accounting Concepts No.6, *Elements of Financial Statement*, 1985, highlights.
(31) *Ibid.*
(32) Thomas G. Evans, *op.cit.*, p.151.
(33) FASB, Statement of Financial Accounting Concepts No.3 and No.6, par.70, 1980, 1985.
(34) Dichev, Illia D., op.cit., p.454.
(35) FASB, Statement of Financial Accounting Standards No.157, *Fair Value Measurement*, 2006, para.5.
(36) Dopuch, Nicholas and Shyam Sunder, FASB's Statements on Objectives and Elements of Financial Accounting: A Review, *The Accounting Review*, Vol.55 No.1, 1980, edited by Harry I. Wolk, *Accounting Theory Vol.2*, p.109.
(37) Ibid., p.113.
(38) Gore, Pelham, *The FASB Conceptual Framework Project 1973-1985*, 1992, p.6, p.133.

(39) Dopuch, Nicholas and Shyam Sunder, op.cit., p.115.
(40) Hines, Ruth D., Financial Accounting Knowledge, Conceptual Framework Projects and Social Construction of the Accounting Profession, *Accounting, Auditing and Accountability Journal*, Vol.2, 1989, p.62.
(41) Stickney, Clyde P., Roman L. Weil, Katherine Schipper, Jennifer Francis, *Financial Accounting, 13ed*, South Westen College Pub., 2009, p.18.
(42) FASB, Financial Accounting Series, Exposure Draft, *Conceptual Framework for Financial Reporting: The Objective of Financial Reporting and Qualitative Characteristics and Constraints of Decision-Useful Financial Reporting Information*, 2008.
(43) Dichev, Illia D., op.cit., p.457.
(44) FASB, Financial Accounting Series, Discussion Paper, *Preliminary Views on Revenue Recognition in Contracts with Customers*, 2009, S14, S15, S16.
(45) Wilson, Allister., The Relevance and Reliability of Fair Value Measurement, Edited by Peter Walton, *The Routledge Companion to Fair Value and Financial Reporting*, Routledge, 2007, p.200.
(46) *Ibid.*, p.202.
(47) *Ibid.*, p.203.
(48) King, Alfred M., *Fair Value for Financial Reporting*, Wiley, 2006, p.82.
(49) Wilson, Allister, *op.cit.*, p.203.
(50) *Ibid.*, p.204.
(51) FASB, Financial Accounting Series, Exposure Draft, *Conceptual Framework for Financial Reporting: The Objective of Financial Reporting and Qualitative Characteristics and Constraints of Decision-Useful Financial Reporting Information*, 2008, QC12.
(52) *Ibid.*, QC7.
(53) *Ibid.*, QC20.
(54) バッフェット (Warren Buffet) は「極端な場合には,mark-to-model は,私が mark-to-myth と呼ぶところのものに退化する」と述べている。(Shyam Sunder, IFRS and the Accounting Consensus, *Accounting Horizons* 23(1), 2009, p.103)
(55) Kothari, S. P., Karthik Rammanna, Douglas J. Skinner, Implications for GAAP from an Analysis of Positive Research in Accounting, working paper, Harvard Business School, 2009, p.39.
(56) FASB Statement of Financial Accounting Concepts No.3, *Elements of Financial*

Statements of Business Enterprises, 1980, par.58.
(57) FASB Statement of Financial Accounting Concepts No.5, *Recognition and Measurement in Financial Statements of Business Enterprise*, 1984, par.34. 1984.
(58) Kothai, S. P., Karthik Rammanna, Douglas J. Skinner, op.cit., p.39.
(59) Dichev, Illia D., and Vicki Weil Tang, Matching and the Changing Properties of Accounting Earnings over the Last 40 Years, *The Accounting Review* 83(6), 2008, p.1443.
(60) Ibid., p.1425.
(61) Ibid., pp.1427–1428.
(62) Ibid., p.1435.
(63) Ibid., p.1435.
(64) Ibid., p.1435.
(65) Ibid., p.1438.
(66) Givoly, Dan and Carla Hayn, The Changing Time-Series Properties of Earnings, Cash Flows and Accruals: Has Financial Reporting Become More Conservative?, *Journal of Accounting and Economics* 29(3), 2000, p.292.
(67) Ibid., p.292.
(68) Ibid., p.292.
(69) Ibid., p.301.
(70) Ibid., p.301.
(71) Ibid., p.301.
(72) Ibid., p.304.
(73) Ibid., p.304.
(74) Ibid., p.290.
(75) Ibid., p.317.
(76) Ibid., p.291.
(77) Lobo, Gerald J. and Jiau Zhou, Did Conservatism in Financial Reporting Increase after the Sarbanes-Oxley Act? Initial Evidence, *Accounting Horizons* 20(1), 2006 March, p.71.
(78) Givoly, Dan and Carla Hayn, op.cit., p.317.
(79) Ibid., p.288.
(80) ワッツ (Ross L. Watts) は，利益に対して費用・損失よりも高い「検証可能性」を求めることを保守主義概念の基本としている。そのために SFAS.141 と 142 ののれん会計基準は，「将来キャッシュ・フローの経営者による予測にもとづいた会計『価値』を生み出す」「極度に主観的なものである」ために，検

証可能性を求める保守主義のメリットを損ねるものであるとしている（Ross L. Watts, Conservatism in Accounting Part I: Explanations and Implications, *Accounting Horizons* 17(3), 2003, pp.218-219.）。保守主義を，費用と利益に対する「非対称的な検証可能性（asymmetric verifiability）」とするのはいいが，しかし本著は，ワッツの指摘に反してのれん減損会計基準が保守主義のメリットを損ねた基準であるとしていない。のれん減損会計基準が保守主義の合理化の効果をもった基準であると見ている。FASBののれん会計の基準は，スコット（William R. Scott）も指摘するように，それは「公正価値に切り下げるものであって，公正価値へ切り上げるものではないことに注意が必要である。未実現の公正価値評価益と評価損についての非対称的な取り扱いは，取得原価会計よりも強い形での保守主義であると考えることができる」。(Scott, William R., *Financial Accounting Theory*, 4ed, Prentice Hall, 2006, 太田康広他訳『財務会計の理論と実証』，中央経済社，2008, 13頁。)

(81) Holthausen, Robert W., and Ross L. Watts, The Relevance of the Value-relevance Literature for Financial Accounting Standard Setting, *Journal of Accounting & Economics* 31(1-3), 2001, p.41.

第2章
会計手続と会計判断，経営者インセンティブ

はじめに

　あたり前のことであるが，会計上の利益は，会計手続をへて算定される。会計では，資産と負債，資本，収益，費用の5要素の認識をもとに，会計特有の手続をへて，利益が確定される。この会計手続モデルにおいて，5要素は，それらが各々独立しそれ自体で完結しているのではなく，利益計算との関係で存在しているところに意味をもっている。それらは，あくまで利益計算のために存在するものである。この5要素の認識プロセスには，広い範囲の判断が伴う。会計判断なくして，会計認識を発揮（trigger）することは出来ない。5要素の認識は，利益計算に向けられたものであるから，会計認識における判断は，いかなる利益を計算するか，ということに向けられる。会計判断を規定するのは，経営者のインセンティブ（manager's incentives）である。現代の会計は，大きく判断領域を拡大させ，そのことにより経営者のインセンティブに利益計算を大きく依存させるようになっている。このようなプロセスを，会計手続の構造的性質の検討から出発して，明らかにする。

1. 貸借対照表と損益計算書

　会計において利益計算が行われる場は，財務諸表である。財務諸表は，貸借

対照表 (Balance Sheet, B/S) と損益計算書 (Profit and Loss Statement, P/L) から構成される。貸借対照表と損益計算書を,最もシンプルな形で示せば以下のようになる。

図表2-1　貸借対照表と損益計算書

貸借対照表

資産	負債
	資本 (当期純利益)

損益計算書

費用	収益
当期純利益	

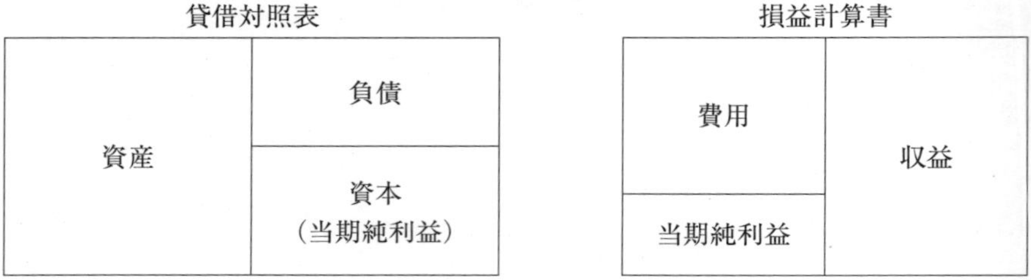

　貸借対照表は,向かって左側(借方)に資産,右側(貸方)に負債と資本(純資産)を表示する。貸借対照表は,特定の時点の資産と負債と資本(純資産)の有高を表示し,会社の財政状態 (financial position) を示したものであるとされる。損益計算書は,向かって左側(借方)に費用,右側(貸方)に収益を表示し,収益と費用の差額が当期純利益となる。損益計算書は,期間に生まれた収益と費用を対応表示したもので,会社の営業成績 (financial performance) を表示したものであるとされる。

　なぜ貸借対照表の左側(借方)に資産,右側(貸方)に負債と資本が計上され,損益計算書の左側(借方)に費用,右側(貸方)に収益が計上されるか。このことは,会計の長い歴史の過程から生まれた慣行であり,道路交通の右側通行,左側通行と同じく,特にそのことに意味があるわけでない。また勘定の左側を「借方 (Debtor：Dr)」,右側を「貸方 (Creditor：Cr)」と呼ぶのは,会計記録が生まれた初期の時代,債権債務を記録した際に,相手を主体に記録する方式が生まれ,Tの字の左を相手が借りたものを記録するということで「借方」,右を相手が貸したものを記録するということで「貸方」と呼ぶ慣行が生まれた。利益計算を目的とする現代の会計においては,「借方」,「貸方」の名

称に特に意味があるわけではない。勘定形式の左側,右側という意味しかない。

会計における利益計算は,貸借対照表と損益計算書の両面から行われる。貸借対照表において,資産から負債の差額は資本(純資産)である。貸借対照表においては,前期の時点での資本から当期末時点の資本の増加額(増資,配当などを除く)が当期純利益とされる。この資本の増加額(当期純利益)は,損益計算書において収益と費用との差額として計算されたものと同額である。すなわち貸借対照表と損益計算書とは,「当期純利益」を媒介にしてお互い連携することになっている。財務諸表における「連携(articulation)」は,会計計算の前提とされている。したがって貸借対照表と損益計算書の関係を示すと以下のようになる。

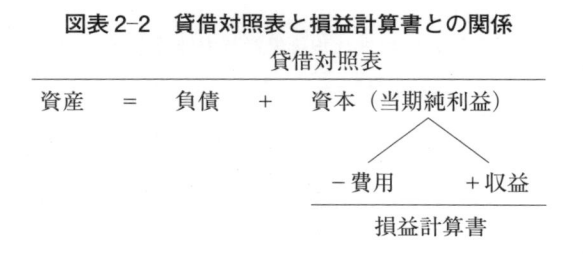

図表2-2　貸借対照表と損益計算書との関係

貸借対照表

資産　＝　負債　＋　資本(当期純利益)

－費用　＋収益

損益計算書

貸借対照表と損益計算書は,当期純利益を媒介にして連携するから,両者は,図表2-3のように合体させることが出来る。貸借対照表と損益計算書を合体させたものを,試算表(Trial Balance, T/B)という。

貸借対照表等式と損益計算書を合体して得られたのが試算表であり,等式で表現すると以下のようになる。

$$資産_t + 費用_{t-1〜t} = 負債_t + 資本_{t-1} + 収益_{t-1〜t}$$

(tは当期末,t-1は期首を示す。)

試算表等式の左辺は,貸借対照表と損益計算書の借方項目,試算表等式の右

図表 2-3　貸借対照表と損益計算書を合体させる

貸借対照表（B/S）

資産	負債 資本
	当期純利益

損益計算書（P/L）

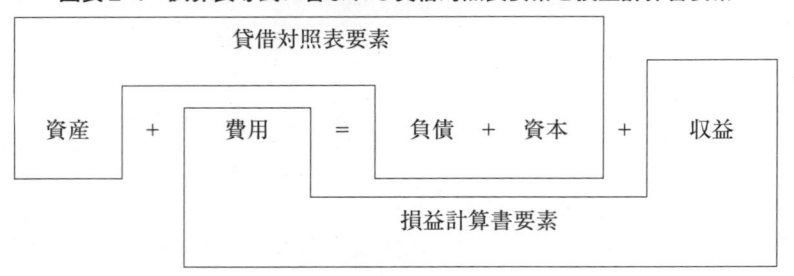

当期純利益
費用　収益

試算表（T/B）

資産	負債 資本
費用	当期純利益 収益

図表 2-4　試算表等式に含まれる貸借対照表要素と損益計算書要素

貸借対照表要素

資産 ＋ 費用 ＝ 負債 ＋ 資本 ＋ 収益

損益計算書要素

辺は，貸借対照表と損益計算書の貸方項目となっている。左辺と右辺は常に均衡することになっている。したがって試算表等式には，図表 2-4 に示すように貸借対照表要素と損益計算書要素が含まれている。

　貸借対照表と損益計算書を合体すれば試算表となるということは，貸借対照表と損益計算書は，別々に作成されたものではなく，もともと一つのシステムのもとに作成されたものであることを示している。当期純利益は，試算表から貸借対照表と損益計算書を分解する際に確定される。すなわち資産から負債と資本（期首）を差し引いたものと，収益から費用を差し引いたものとは同額と

図表2-5 試算表から貸借対照表と損益計算書を分離

試算表	
資産	負債 資本
費用	収益

貸借対照表	
資産	負債 資本
	（当期純利益）

損益計算書	
費用	収益
当期純利益	

なり，これが当期純利益となる。

　会計は，企業の活動を，試算表を構成する各要素，すなわち資産と負債，資本，収益，費用に与える増減効果においてとらえ，それぞれの基本要素の純変動額を試算表において集計し，これを貸借対照表と損益計算書に分離する形で当期純利益を確定する。貸借対照表と損益計算書は別々に計上されるのではなく，もともと一つのシステムのもとに記録されたものである。

　資産，負債，資本，収益，費用の変化額は，T字型の勘定の形式をもって記録される。T字型の勘定の左右において，資産と費用の増加額は借方，減少額は貸方，負債と資本，収益の増加額は貸方，減少額は借方に記録するのが約束となっている。勘定の記入の約束事は，試算表等式の左辺と右辺の各要素の位置づけから決まる。すなわち資産と費用は試算表等式の左辺にあるから，増加額は借方，減少額は貸方に記録され，負債と資本，収益は試算表等式の右辺にあるから，増加額は貸方，減少額は借方に記録される。それぞれの基本要素の増減の純額は，貸借対照表と損益計算書の借方，貸方に計上され，利益が確定される。この関係を，図示すれば図表2-6のとおりである。

　会計の利益計算は，このような枠組みのなかで行われる。この枠組みにおいて，取引を仕訳し，勘定に転記し，集計し，そして決算において利益を確定する一連の手続きが遂行される。

図表2-6　5要素の勘定様式

(借方)					(貸方)				
資産	+	費用	=	負債	+	資本	+	収益
+	−	+	−	−	+	−	+	−	+

2. 会計の利益決定における各要素の位置

　財務諸表に計上された資産，負債，資本，収益，費用は，あくまでも紙の上での現象であり，現実の経済プロセスそのものではない。会計上（紙の上）に計上された各要素は，会計特有の仕組みのもとに，利益計算に影響を及ぼす。5要素がどのように計上されるか，その計上如何は，会計上の利益に影響を及ぼす。

　会計利益との関係において，資産，負債，資本，収益，費用の各基本要素がどのような性格をもっているか，試算表の様式をもって示すことにしよう。

　まず資産と収益項目について見よう。資産と収益の増加と減少は，利益に対して同じ方向性をもって増減の作用をする。資産と収益が増大すれば利益の増大へと作用し，資産と収益が減少すれば利益の減少へと作用する。

　会計上の負債，資本，費用については，資産と収益の場合と逆で，それらの基本要素の増加は利益の減少へと作用し，それらの基本要素の減少は利益の増加へと作用する。したがって負債，資本，費用が増大すれば利益の減少へと作用し，それらが減少すれば利益の増大へと作用する。

　このように会計上の各要素の増減の如何が，会計上の利益に影響を及ぼすことになる。会計の5要素は，それぞれ利益に対する関係性をもったものである。しかもこれらの会計手続きには判断が必随する。判断の仕方によって，5要素の金額が変わり，そのことにより会計上の利益に及ぼす効果が異なってくる。

図表 2-7 資産と収益の利益に及ぼす効果

資産と収益の増：利益の増　　　　　資産と収益の減：利益の減

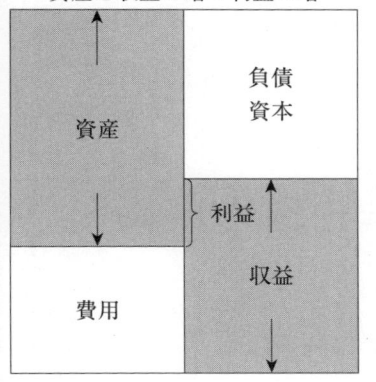

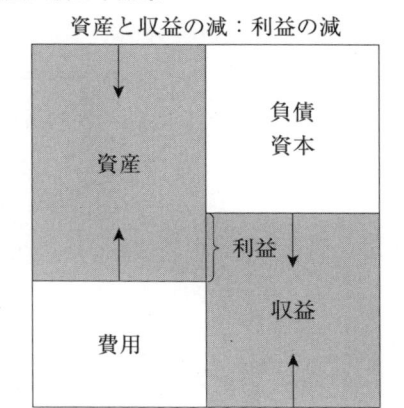

図表 2-8 負債・資本と費用の利益に及ぼす効果

負債と資本と費用の増：利益の減　　　負債と資本と費用の減：利益の増

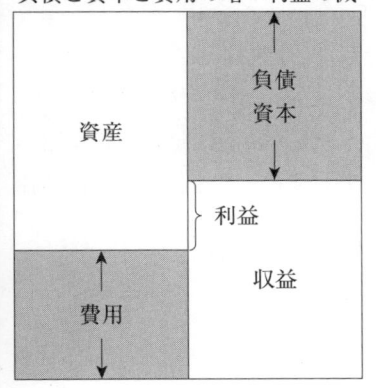

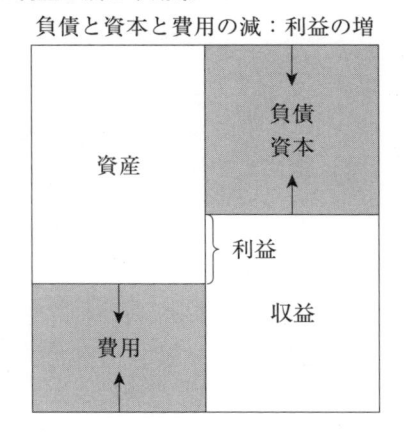

3. 会計利益計算における判断事項

　会計においては，資産，負債，資本，収益，費用の基本要素の増減を記録し，試算表にて集計された各基本要素を貸借対照表要素と損益計算書要素に分離する手続局面において，利益が確定される。このような利益計算の手続プロ

セスには，以下のような判断要素が含まれている。
(1) 認識：資産，負債，資本，収益，費用の計上対象にするか。
(2) 認識時点：会計計上をいつの時点で行うか。
(3) 測定：会計項目の金額をいくらとするか。
(4) 分類：会計の基本要素のどれに分類するか。
(5) 方法：どのような会計方法を採用するか。
(6) 実体的取引の創造：会計認識のためどのような取引を創り出すか。
以下，順に説明していこう。

(1) 認識：財務諸表の本体計上についての判断局面

認識とは，通用の意味では，「知ること」，「理解すること」，「把握すること」であるが，しかし会計においては，認識とは貸借対照表と損益計算書の「本体に計上する」[1]ことを意味する。財務諸表本体への記入が認識であるから，財務諸表の本体でなく脚注に掲載する行為は，認識とはされない。「開示 (disclosure)」とされる。[2]したがって認識には，財務諸表本体記入と脚注開示の間を区分する判断も含まれる。何を本体計上の対象にするか，その判断の仕方によって，会計上の利益に影響を及ぼすことになる。

(2) 認識時点：いつの時点で計上するかの判断局面

財務諸表本体にいつ計上するか，その時点が選択されなければならない。その時点選択には判断が伴う。例えば，収益の認識を商品引渡の販売の時点とするか。販売の時点としても，商品の発送の時点か，購入者へ商品が到来した時点か，据付・設置の時点，検収（注文どおりのものであるかどうか検査）の時点か，というように，多様な認識可能な時点が含まれている。また，建設業のように工事進行基準により工事の進捗度に応じて収益を認識したり，さらには鉱業のように生産の完了の時点で収益認識したり，さらには，割賦販売の場合の

ように，割賦金の回収時点で回収額を収益として認識する場合もある。認識をどの時点で行うか，この時点選択には判断が伴う。判断の仕方によって，会計上の利益に影響を及ぼす。

(3) 測定：会計要素にどのような数値をつけるかの判断局面

「測定 (measurement)」とは，「ある量の大きさを測る」こと，「外部状況 (extant condition) を発見するプロセスである」。何らかの経験的に検証可能な事象の「規模 (magnitude)」を測る行為である。[3]しかし会計における測定には，そのような意味はない。将来の純粋な予想も，割引現在価値モデルのような評価テクニックの適用も，また配分とか，割付け，対応の会計操作も測定と呼ばれる。それらは言葉の正確な意味での測定とは言えない。会計的測定は，実際のところ，財務諸表本体に数値を与える行為のことである。

会計の手続モデルは，それぞれの要素に数値を与えなければ利益計算が出来ない。しかもその数値は，一つの項目に単一の数値しか計上できない。幅を持った予測数値であっても，そのうちから単一の数値を選択しなければならない。会計上の測定は，選択と判断を伴った行為である。会計上の利益計算において，各項目にいくらの数値を与えるかの判断は，計上される利益の額に重要な影響を及ぼす。

(4) 分類：基本要素のいずれに分類するかの判断局面

会計における基本要素は資産，負債，資本，収益，費用の5要素しかない。それ以外の基本要素は存在しない。会計上の認識は，この5要素のいずれかに分類されるものとなる。分類のされ方によって，利益計算に対する作用が違ってくる。分類は判断を伴い，この判断は利益計算に与える効果にもとづいてなされる。利益計算に対する効果が，分類判断を規定する。何らかの経済的事象を写し取るための分類ではない。

例えば，有価証券は，「満期保有（held to maturity）」と「トレーディング（trading）」，「販売利用（available for sale）」と分類されている。この分類は，有価証券そのものの観察にもとづいた分類ではない。有価証券をいくら観察してもその違いを発見することはできない。有価証券の分類は，経営者の判断にもとづいたものであり，その判断は，会計的な意味での判断である。すなわち有価証券について，(1) 評価損益を計上しないもの（満期保有），(2) 評価損益を損益計算書に計上するもの（トレーディング），(3) 損益計算書上での評価損益の計上を回避して「その他の包括利益」に算入するもの（販売利用），というように評価損益をめぐる会計計上の場をめぐっての分類判断である。それは有価証券の経済現象を写し取る行為ではない。利益に及ぼす効果，その判断にもとづいた会計的分類なのである。

(5) 方式の選択：どのような会計方法を選択するかの判断局面

会計には多様な会計方法が存在している。減価償却費の算定においては，定額法，定率法，級数法などがあり，また売上原価の算定には，先入先出法，平均法などがある。これらの方法から一つの方式を選択すると，他の方式を採用した場合と異なった数値を算出することになる。会計方法の選択によって，会計上の利益額が異なってくる。

(6) 実体的取引の創造：会計認識のためのどのような取引を創り出すかの判断局面

会計プロセスに組み込まれる効果を狙って，実際の経済過程の活動を創り出す操作が行われる。実際の経済取引を会計認識するのでなく，会計認識をするために実際の経済取引を創り出すというもので，「犬のしっぽが身体を振る（the tail wags the dog）」状況が生まれる。例えば，今日の原価計算（全部原価計算）のもとでは，固定費要素は棚卸資産に配分される。したがって生産量を意

識的に増やし，大量の在庫を作ると，棚卸資産に多額の固定費が含まれることになり，これが資産額を引き上げ（逆に売上原価は，単位当たり固定費の割合が減少するために，低いものとなり），期間利益の増額を生み出す。利益を引き上げる（損失を抑える）ために，経営者は生産量を意識的に増やすという方策をとることがある。実際に，経営者が「売上原価を低めるための過剰生産に従事している」との調査証拠も報告されている。[4]

4. 認識領域の拡大，判断領域の拡大

「対応」の論理から「認識」の論理への転換は，会計認識領域の拡大を生み出し，また同時に会計判断領域の拡大を生み出した。会計上の認識は，会計の論理の影響を受ける。「対応」の論理と「認識」の論理とでは，会計計上される対象がまるで違ってくる。

「対応」の論理においては，収益と費用の認識が中心となる。費用・収益対応に向けた利益計算は，会計要素すべてを取引価格にて認識する。資産と負債の価値評価は問題にされない。

「認識」の論理においては，経済現象（経済的資源と資源に対する請求権）の変動が認識の対象となる。取引だけでなく，その他の事象，環境の変化，それらによって生み出された経済現象の変動が認識の対象となる。

「対応」の論理から「認識」の論理への歴史的な転換が生じると，財務諸表本体へ計上されるものが違ってくる。実際のところ，この論理の転換によって，認識領域が大きく拡大し，従来，計上されなかった項目が次々と計上されるようになった。認識領域の拡大は，会計判断領域の拡大でもあった。

このような変化を，いくつかの会計手続の事例からみていこう。まず資産要素における認識領域の拡大から見ていく。

(1) 資産における認識領域の拡大

資産認識におけるコントロール：「認識」の論理においては、資産認識の要件として、資産に対するコントロール（control）をあげている。このコントロールの要件には、リース会計にも見られるように大きな判断要素が含まれている。

　リース取引において、リース資産の借手（lessee）の側に実質的にすべてのリスクが移転している場合、借手の側に、資産に対するコントロールがあるということで、これを「資本リース（capital lease）」として扱い、資産と負債に認識する。それ以外のものは「営業リース（operating lease）」としてオフバランスにして（資産と負債に認識せず）、リース料の支払額をもって費用に計上する。資産認識においては、コントロールの所在がどこにあるかが問題となる。借手がもつと判断すれば、借手の資産（と負債）として認識される。貸手の側がもつと判断すれば、貸手の資産として認識される。コントロールがあるどうかの判断は、経営者に実質まかされているから、リース資産を認識するかどうかは、経営者の判断次第となる。

　この場合、借手と貸手の判断が対称（symmetry）の関係にあるとは限らない。普通であれば、借手が「資本リース」としてオンバランスにすれば、貸手は実質的に売却としてオフバランス（資産の非計上）すると思われがちである。しかしコントロールは基本的に経営者の判断事項であるから、このような対称の関係が成立しない場合もある。借手も貸手もコントロールがあるとして両者とも資産認識し、あるいは、両者ともコントロールがないとして資産認識しない場合も生まれる。[5]

　同じような資産認識の問題は、企業による銀行等の金融機関への売掛債権の売却処理の場合にも生じる。売掛債権の売却は、「リコース無し（without recourse）」か「リコース付き（with recourse）」かのいずれかによって行われる。リコースとは償還請求権のことで、売掛債権が貸倒れとなった場合、その損失負担のリスクを、債権の売手か買手かいずれが負うか、あらかじめ決めて

取引が行われる。「リコース無し」の場合は，買手の側がリスクを負う。「リコース付き」の場合は，売手がリスクを負う。したがってこの場合，売掛債権に対して，売手か，買手か，いずれがコントロールを有するかという問題が生じる。コントロールの所在についての判断によって，売掛債権資産の認識に影響を及ぼす。この問題は，「証券化（securitization）」においても，「売却」か「担保提供による借入」かの会計処理をめぐって，同じような資産認識についての判断問題を生じさせている。

繰延税資産引当金：繰延税資産の認識は，税効果会計の適用によって生じる。税効果会計とは，会計上に，税務上の「支払法人税（income tax payable）」を計上するのでなく，会計上の税引前利益に対応した「法人税費用（income tax expense）」を計上し，税務上の支払税額と会計上の税費用額との差を，繰延税資産（税務上の支払税額＞会計上の税費用額の場合）もしくは繰延税負債（税務上の支払税額＜会計上の税費用額の場合）として計上し，調整する会計手続である。税務上の損金と益金と会計上の費用と収益に相違があり，その違いが一時的に生まれる差異であり，全体の期間を通じてみれば差異が解消する場合に，税効果会計は適用される。

「対応」の論理のもとでの税効果会計は，1966年の会計基準（APB Opinion No.11）にあるように，「所得税費用の会計は，適切な期間に関連して測定し，帰属させることを要請し，そのために，発生，繰延，推定の概念が，他の費用の測定と期間帰属の場合と同じように適用される」。「対応は，利益決定の基本プロセスの一つである[6]」として説明されていた。このような対応と配分の手続きとされた税効果会計は，1980年に入ると資産と負債の認識の手続きへと変化する。1987年の会計基準（SFAS No.96）において，はっきりと「資産負債アプローチを求める[7]」としている。税効果会計の目的は，第1に，「当期の支払われるべき税額（すなわち税負債）もしくは払い戻されるべき税還付額（すなわち税資産）の認識であり」，第2に，「一時的差異に帰される将来の推定の税効果に対して繰延税負債もしくは繰延税資産を認識する[8]」ことにあるとした。ここでは繰延税資産と繰延税負債は，単なる繰延べの項目ではなく，すでに財務

諸表において認識された事象に関する将来における税効果について認識したものとされる。

このような「認識」の論理のもと,繰延税資産の評価の問題が生まれる。繰延税資産は,将来,課税利益の存在をもって計上されるから,もしそのような見込みが立たない可能性が50パーセントを超える (more likely than not) 場合,「繰延税資産評価引当金 (deferred income tax asset valuation allowances)」を計上することになった。この引当金の設定には,大きな判断が伴う。したがって,レブソン (Lawrence Revsine) 等が指摘するように,「繰延税資産評価引当金が設定されると,記録額は主観的なアセスメントとなる。観察できる規準が容易に見出せないために,それは明らかに潜在的にごまかしを生む」[9]と考えられる。

減損会計:減損 (impairment) の会計は,(1) 建物・設備などの長期命数資産と,(2) ブランドや商標,ライセンス,各種の法的権利,そして (3) のれんに対して適用される。それらの資産価値が,簿価より下落した場合に減損損失が認識される。減損の認識は,本質的に,経営者の判断にもとづいて行われる。資産についての将来のキャッシュ・フロー予測についての情報は,経営者の側にいわば私的に属するものであり,「結果として,資産が減損しているかどうか,また減損損失の価値はどれほどか決定するのに,経営者による判断の広い領域が含まれている」[10]。

資産と負債の認識において,認識時点が明確に定まっているような事態はまずない。いつの時点で認識するか。これも重要な判断事項である。資産の減損もこの例外ではない。資産の減損認識のプロセスにおいては,一定の時間的な幅が設定されている。例えば長期命数資産の減損認識は,以下のプロセスをつうじて行われる。

　第1段階:資産簿価が回復しない可能性があるかどうか,資産市価の下落や企業状況の悪化,将来の損失を生み出す恐れなどの事象を観察する。

　第2段階:将来の純キャッシュ・フロー(割引されない)の予測。

第3段階：割引されない純キャッシュ・フローと資産簿価との比較。
第4段階：資産減損を計上する手続の開始。
第5段階：資産の割引現在価値（公正価値）と資産簿価との差を減損損失とする。

このプロセスにおいては，減損損失の計上に至るまでには，時間的な幅がある（特に第3段階までとそれ以降）。減損損失の認識は，この時間幅のなかで行われる。いつの時点をもって減損損失を認識するか，これは完全に経営者による判断事項となっている。バル（Ray Ball）等は，「資産が減損している（経済的損失が生じている）情報は，多くが経営者によって専有され，典型的に将来のキャッシュ・フローについて逆選択情報（adverse information）のかたちとなっている。減損損失を利益に対して計上することは，ほとんどの会社資産（建物，設備，機械，と無形資産）について見れば本質的に主観的なプロセスとなっている」としている。[11]

ソフトウェア資産：アメリカの会計基準では，試験研究費（R&D）は，支出時点で費用に計上されるが（SFAS No.2），ソフトウェアの開発原価については，「技術的実行可能性（technological feasibility）」が生まれる以前は費用処理するが，それ以降の追加発生原価については資産処理（capitalize）するのを認めている（SFAS No.86）。「技術的実行可能性」とは，企業が詳細なプログラムやデザイン・モデルを完了した段階をさす。追加原価の資産計上は，製品が販売に供される時点で止む。「技術的実行可能性」の認定は経営者の判断事項であり，ソフトウェアの資産認識は，経営者の判断に大きく依存することになる。

また企業合併において，被合併会社に支払われた対価のうち，試験研究の途上にあるが，将来，収益を生み出す可能性のあるものとして評価された部分を「仕掛中の試験研究費（In Process Research and Development：IPR&D）」として，資産認識が行われる。企業合併における「仕掛中の試験研究（IPR&D）」の会計処理について，2004年の会計基準（SFAS No.141）では，全額の費用処理を要請していたが，その後，本基準は改訂され（2007年），資産処理が可能となった。「仕掛中の試験研究（IPR&D）」は評価が難しく，判断次第によって大

きく金額が異なってくる。

以上，主だった資産認識における判断事例をみてきた。次に負債の認識についてみていこう。[12]

(2) 負債における認識領域の拡大

概念ステイトメントにおいては，負債は，過去に受け入れた便益から生じた経済的義務であり，その金額と計上のタイミングが合理的な確かさをもって測定できるもの，と定義している。この定義にあっては（1）義務が実際に生じているか，（2）合理的な確実性をもって測定可能であるかが問題になる。負債認識には，大きな会計判断が求められる。以下いくつかの負債認識の事例についてみていこう。

偶発負債：偶発負債は，偶発損失事象に対して認識される。偶発損失とは，「将来に何らかの事象が発生することによって判明する損失」とされ，製品保証や製品欠陥，訴訟や賠償請求，受取債権の回収可能性などに対して設定される。負債の増，費用の増の効果をもった会計処理である。偶発負債の認識は，「発生の可能性が高い（probable）」もので，かつその金額が合理的に見積もり可能の場合に，発動される。「発生の可能性が合理的なもの（reasonably possible）」は，認識ではなく開示されるものとして脚注表示の対象となる。「可能性がほとんどないもの（remote）」は，開示の対象にならない。このような偶発損失については，「プロバビリティ」についての判断が含まれる。

この偶発負債と同じ方式で認識されるのが環境回復負債である。アメリカのスーパーファンド法（Superfund Act, 1980）のもと，「環境保護局（Environmental Protection Agency）」によって環境回復義務を負う「潜在的責任当事者」に指定され，環境回復義務の発生がプロバブルになった時，認識される。環境回復負債は様々な不確定な要素のもとで認識されなければならず，そこにはきわめて大きな判断領域が存在する。

年金負債：年金（退職給付年金プラン）の会計は，会社が従業員の退職後の期

間に一定額の年金支給を約定している場合，将来の年金支払額を従業員の勤務年限中の勤務に関わらせて，期間の年金費用と年金負債として計上する会計処理のことである。「対応」の論理が支配的であった時代には，年金コストを従業員の労働年限にわたって「合理的，組織的な」方法で配分することが課題となっており，年金負債の認識に焦点が向けられることはなかった。「年次の年金費用の認識と測定が強調され」，「負債は，費用の計上と測定のルールの副産物としてのみ計上された」[13]のである。この傾向は，1980年代以降，俄然，変わり，年金負債の認識が重要な課題となった。

　会計上の年金負債は，直接認識されるのではなく，「年金トラスト（plan trust）」のステイトメントに表示された年金資産と年金債務をもって，それらの差額（負債額が資産額を上回った部分）を確定し，それを財務諸表に計上される年金負債とする。年金資産は公正価値によって評価され，年金債務は，従業員の企業残留率，昇給率，寿命，割引率など多くの予測を基礎にして評価される。会計計上される年金負債は，多くの予測にもとづいた変動性の高い数値を前提にして認識される。まさに判断の産物である。

　年金債務の計算は，1985年の会計基準（SFAS No.87）では「累積給付債務（Accumulated Benefit Obligation：ABO）」をベースにするよう求められていたが，2006年の基準改定（SFAS No.158）によって「予測給付債務（Projected Benefit Obligation：PBO）」をベースにするものに変わった。「累積給付債務（ABO）」は，過去及び現在の給与水準をベースにして年金債務を計算するのに対し，「予測給付債務（PBO）」は，将来の昇級分を考慮に入れて年金債務を計算する。したがって前者（ABO）よりも後者（PBO）の方が，年金債務額は多く算定されることになる。年金負債の認識領域は拡大し，その判断領域も拡大した。

　会計の手続モデルにおいては，負債額の拡大は費用額の拡大へと作用する。しかし「累積給付債務（ABO）」から「予測給付債務（PBO）」へ変更による年金負債額の増加は，即，純利益計算に反映されることはない。ひとまず，「累積その他の包括利益（Accumulated Other Comprehensive Income：AOCI）」の項

目に算入され,その後,そこから期間の年金費用に関係する額が消却計算される。「その他の包括利益」勘定の活用によって年金費用からボラティリティが吸収されることになる。[14] 今日の年金負債の拡大化は,「その他の包括利益」の勘定を利用して推し進められた。

除却債務:「資産除却債務 (asset retirement obligation)」とは,長期命数資産の将来の除却について企業が負う義務のことである。原子力設備や石油会社設備に代表される長期命数資産は,サービスに供された時,将来の資産除却の義務が生じる。そこでは除却時に必要と予測される将来キャッシュ・アウトフローを見積もり,それをある利子率で割引いて得た現在価値をもって負債に計上する。資産除却債務としての負債計上は,同時に借方に資産として計上される。負債については利子費用が計上され,資産については減価償却費が計上される。このような資産除却債務は,2001年の会計基準 (SFAS.143) まで,計上されることはなかったものである。資産除却債務については将来のきわめて多くの推定,見積もり,予測が必要になる。

リストラ負債,前受収益:負債認識には,義務が実際に生じたか否かが問題になるが,買掛による仕入のようにサプライヤーに対する義務の発生が容易に確認できる事例ばかりとは限らない。いくつかの取引についてはそのような義務が生じたか決定することがさらに難しい場合がある。例えば,従業員のレイオフによる経営のリストラ計画が表明された場合,負債として認識を正当化する義務が生じているか認定するのは容易なことではない。

またソフトウェアの企業が,何年かのライセンスつきで譲渡し顧客から現金を受領した場合,その企業はこれを全額,収益として計上すべきなのか,それともそのうちの一部を顧客に対する将来のサービス提供とライセンス契約の実行のための継続途上にある義務が発生したものとして負債に計上すべきなのか,問題が生じる。このように負債認識においては,義務が発生したか否かの確認についての広い判断領域が存在する。

以上に見たように,現代においては「認識」の会計論理のもと,認識領域は拡大し,会計判断領域も拡大した。このような傾向は,企業経営者の側に大き

な裁量を与えることになった。このもとで，経営者がどのような意思，動機，インセンティブにかられて会計判断をなすかという問題が，これまで以上に重要性を増している。経営者インセンティブは，会計判断を規定する。この傾向について，ハイル（Luzi Hail）等は，以下のように述べている。

　「会計基準は，基準の適用にかなりの判断が含まれるということで，企業に対して報告上の大きな裁量を与えている。例えば，会計測定は会社の私的な情報に依拠するものであり，経営情報セットの主観的な表示となる将来のアセスメントが含まれている。企業は報告裁量をもち，この報告裁量は報告インセンティブに依拠する。[15]」

会計判断を規定する経営者の報告インセンティブについて詳しく見ていこう。

5. 会計に対する経営者インセンティブ

ハイル（Luzi Hail）等は，会計報告の裁量幅が拡大するなかで，経営者インセンティブについて二つの方向性を示している。

　「企業に報告裁量（reporting discretion）を与えるにはそれなりの理由がある。一方では，報告裁量をもって，経営者が企業業績をより正確に反映した報告を生み出すよう，また外部関係者にとって情報内容のある報告を生み出すよう，経営者が自ら私的情報を活用するようにさせる。他方では，このような形で経営者が報告裁量を用いるかどうかは，経営者の報告インセンティブ次第となる。経営者が，経済的業績を分かりにくくするか，ある利益目標を達成するか，債務契約条項違反になるのを避けるか，負債を低く評価するか，あるいは利益を平準化するか，このようなインセンティブをもっているかもしれない。経営者がもつ情報優位性を見ると，監査人であろうと，またエンフォースメントの機関であろうと，このような経営者行動を抑制するのは難しい。問題は会計基準におけるエンフォースメント・レベルの事柄ではない。厳格なエンフォースメントは，経営者のもつ裁量の幅を制限するかもしれないが，なくすことは出来ない。仮に完璧な

エンフォースメントの世界があったとしても，観察される報告行動は，会計基準が裁量を提供しているかぎり，企業ごとに違うであろうし，また企業ごとに報告インセンティブも異なる。[16]」

会計判断領域の拡大は，一方では，経営者が，自らの経営の特徴に照らして正確に，経営業績を表現しようとする可能性を生み出す。しかし他方では，経営者は，自らが関係する取引関係のもと，様々な情報誘導のインセンティブをもち，このインセンティブにかられて恣意的な会計表示をしようとする可能性が生れる。いずれの可能性が高いか，これは，現実の経済の取引関係のなかでの会計情報の役割，そこで発揮される多様な経営者インセンティブの実態から見極めていく以外にない。

会計判断に関わる経営者のインセンティブを検討するにあたって，(1) 資本市場における会計情報の役割と，(2) 契約と政治過程における会計情報の役割と，二つに分けてみよう。

(1) 資本市場における経営者インセンティブ

資本市場における会計情報の役割は，どのようなものであろうか。

優れた会計情報とは，市場の流動性を促進する作用をもつものであるとされる。市場の流動性とは株式の売買がしやすい状況のことで，株式が価値どおりに，低い取引コストにて，迅速に売買される状態をいう。情報の所在に偏りがあり，情報をもつ者と，もたない者との間に格差がある状態（「情報の非対称性 (information asymmetry)」）や，さらに情報優位者が情報劣位者に対する情報格差をいいことに不適切な取引を進めようとする状態（「逆選択 (adverse selection)」）が支配するような市場においては，流動性は悪く，取引のコストもかさむ傾向がある。流動性の悪い証券については，投資家は高いリターン（流動性プレミアム）を求める傾向にあり，資本コスト (cost of capital) もかさむ。優れた情報内容をもった会計情報が市場に提供されれば，投資家による将

来のキャッシュ・フロー予測も容易になり、そのことが資本コストを引き下げることになる。会計情報は、会計以外の他の情報とも一緒になって、このように市場の流動性を高め、資本コストを引き下げる役割をはたす。経営者の側にも、このような会計情報の機能を働かせようとするインセンティブがある。このような経営者インセンティブがまったく欠如するような状態であれば、今日の資本市場の発展はなかったであろう。しかし会計情報に対する経営者のインセンティブが無条件で、直接的に、市場の流動性と資本コストの減少のために発揮されるとは、単純に信じることは出来ない。経営者インセンティブは、実に多様である。

資本市場においては、投資家は、株価評価にあたって企業価値を評価しようとする。ここから会計情報が「企業の直接評価（direct valuation）」に適合性をもつとする理論傾向が生まれる。「価値適合（value relevance）」の理論はその典型である。そこでは財務諸表の第1の目的を投資家による企業価値評価におき、財務諸表を企業価値評価の手段にしようとする。しかし現実の財務諸表を見ると、それは企業価値評価の諸表になり得ない性質をもっている。ホルトハウゼンとワッツ（Robert W. Holthausen and Ross L. Watts）が指摘するように、現実の財務諸表は、資産を、それぞれ売掛金、建物、設備、土地というように個別項目として別々に表示するものであり、企業価値評価の根幹となる資産相互の相乗効果（synergy）から生まれる超過収益力（レントと呼ばれる）を表示するものとはなっていない。「貸借対照表は、企業の分離できる（separable）資産の価値を集計したものである」[17]。そのために資産全体の、資産間の相乗効果を考慮した企業価値の評価は、貸借対照表をもって直接にはできない。個別資産を分離して別々に評価されたものを集計すれば企業の価値が得られるというわけではない。

さらに「利益は富の変化（wealth）を誠実に表示すべきである」[18]として、資産と負債の評価に公正価値を用いるとしても、そこで評価された資産と負債が市場価値もしくはそれに近似したものを表示するという保証はない。経験的に検証不能ないわゆる「第3レベルの公正価値」のように、まったくの経営者の

判断と予測にもとづいたものを，市場価値に代わるものとするわけにはいかない。市場価値は，多くの市場参加者の間で成立するものであり，経営者個人の単独の予測によったものとは根本的に異なる。「公正価値は，経営者の機会主義的操作（opportunism）を受けやすい」[19]。

財務諸表は，企業価値を直接測定するものではないが，しかし「分離できる」，「売却できる」資産を個別に計上することによって，株価評価に間接的には役立っている。コハリ（S. P. Kothari）等が指摘するように，財務諸表と株価とは，「完全に関係するものではないがポジティブに関係する」[20]と思われる。

財務諸表は，貸借対照表が財政状態，損益計算書が営業成績を表示したものとして，資本市場にむけて公表される。財政状態と経営業績を表示したものであるとして，市場参加者（持分投資家や社債権者，監査人，証券アナリスト，格付け機関など）は，自らの目的に応じた財務諸表の利用を行う。ここでの会計情報に対する経営者インセンティブは，多様である。一般的には，経営者たちは投資家との関係で，「自らのパフォーマンスを美しく飾り立てるインセンティブをもっている」ために，また「企業内における将来のキャリア（任期や昇進）にも影響を及ぼすと信じている」[21]ために，財務諸表を粉飾するインセンティブをもつ。

(2) 契約と政治過程における経営者インセンティブ

財務諸表は，企業と関係者との間での契約を含む諸関係において一定の役割を果たしている。ここでいう契約を含む諸関係とは，契約文書を交わした正式の関係を含め，そのような正式の取り決めをしていなくとも暗黙に成立する約束事や相互関係も含めている[22]。財務諸表を前提にして成立する契約関係には，債務契約条項（debt covenants）から，経営者報償計画（management compensation plan），従業員給与契約がある。また財務諸表は，税務申告，公営事業料金設定，銀行等の金融機関の規制，裁判訴訟関係など政治プロセスにも関係している。このような関係が，経営者のインセンティブに影響を及ぼす。

債務契約条項：債務契約条項は，企業と銀行などの債権者との間で取り結ばれる契約で，借手が守らなければならない条項を締結するものである。債権者は利息の支払いと元金の返済がなされることに利害を持つが，投資家はより多くの配当を望み，また経営者は高いリターンを得ようとリスクの高いプロジェクトに関与する傾向があり，このことが債権者の利害を犠牲にすることになる。投資家に対して過剰な配当を行わないよう，経営者が支払不能に陥るようなリスクの高いプロジェクトに手を出さないよう，また債務不履行の事態を生み出すことがないように，債権者は貸付にあたって，企業との間に債務契約を結ぶ。債務契約の条項には，自己資本や運転資本の最小限水準の維持や，一定の負債・持分比率の維持，株主への配当に係わる規制など，財務会計に関係する事項が含まれる。これらの契約事項を借手が侵害した場合，利率の引き上げを含む債務契約条項の改訂や，担保対象の拡大，債務の償還期間の短縮，法的な破産手続きの開始などの措置が取られる。このような債務契約条項のもとでは，経営者は，債務契約条項を侵害するような事態（テクニカル・デフォルト(technical default)）に陥らないよう心がけなければならない。多くの債務契約条項が財務諸表数値をベースにしているために，経営者は，会計選択を通じて財務諸表を操作しようとするインセンティブをもつ。会計基準は，経営者に幅広い会計選択を認めており，そのもとで経営者は，財務諸表上に負債を計上しない方策や，あるいは「裁量的会計発生（discretionary accounting accruals）」をもって費用と収益の計上を操作し純利益を拡大表示する方策をとろうとする。

経営者報償契約・従業員報酬契約：経営者や従業員に対する報奨契約には，ボーナスや給与を会計数値に依存させるものや，ストック・オプションのように将来の株式購入権を付与するものもある。

　経営者報償について，短期インセンティブ（年次ボーナスが依拠する）と長期インセンティブ（昇任，給与のベースアップが依拠する）がどのような会計数値に依拠しているか，アメリカ合衆国の例を見ると，図表2-9のようになる。図表は，全アメリカ会社のうち，年次ボーナスプランにおける業績評価と長期インセンティブ・プランに関係した業績評価がどのような財務諸表数値を利用

図表2-9 短期,長期のインセンティブにどのような会計数値が採用されているか。

	年次ボーナス・プラン	長期インセンティブ・プラン
キャッシュフロー	15%	0%
一株あたり利益	23%	30%
純利益	17%	13%
営業利益	9%	9%
総資産利益率	13%	13%
持分資本利益率	26%	38%
株式資本あたり利益	8%	14%

出処:Hay Group, Inc., 1993, cited from Lawrence Revsine, Daniel W. Collins, W. Bruce Johnson, *Financial Reporting and Analysis*, 2ed., McGraw-Hill/Irwin, 2001, pp.310〜311.

しているか,その利用状況を示したものである。業績評価にあたっては,単一項目の会計数値のみが採用されるとは限らない。複数項目の会計数値が採用される場合もある。

ボーナス・プランは,一般に,ある会計利益水準を企業業績が下回った場合にはボーナスは支払われず,また特定の水準を超えた場合は,一定額を超えるボーナスは支払われない,という形を取る。このようなボーナス・プランにおいては,経営者が次のような会計選択行為をとろうとする。

1. 年次利益がボーナス支給の水準に満たないことが明白になると,経営者は計上される利益をさらに減少させる会計選択を行い,将来の会計利益の拡大化の準備を行う。
2. さらに年次利益がボーナス支給の特定水準を超えるような高利益の状態になれば,計上する利益を減少させ,ボーナス支給の水準にまで計上利益を減少させる会計選択行為をとる。

このような経営者報償契約に向けた会計判断が,経営者インセンティブの内容となる。

法人税:財務諸表は,法人税の適正性を支えるものとして機能している。

法人税額は益金とされたものから損金を差し引いて得た所得額に一定の税率をかけて算定する。

$$益金 - 損金 = 所得 \qquad 所得 \times 税率 = 申告税額$$

この場合,税務上の益金と損金は,財務諸表上の収益と費用に厳密に一致するとは限らない。アメリカ合衆国では,税務計算と会計計算は,全く別のものとされている。税務上で採用された方式が会計上でも採用されなければならないいわゆる「記帳要求(book requirement)」は,限られた場合にのみ求められている。課税所得の計算には,計算の確実性,客観性が要請され,そのためにアメリカにおいては,現金主義の会計処理が中心となる傾向がある。

それでは法人税における申告所得額の計算と財務諸表とは,全く無関係であるかと言えば,そうではない。アメリカ合衆国において,税務申告と財務会計とが別々のものであっても,税務申告は財務諸表の内容に大きな影響を及ぼしている。ホルトハウゼンとワッツ(*Robert W. Holthausen and Ross L. Watts*)は,財務会計において,費用・損失は早めに計上し,利益は実現したものを中心に遅めに計上するいわゆる保守主義の会計処理が普及した理由の一つに,法人税の影響をあげている。すなわち「法人所得税の存在は,保守的会計実務を導く。」「1986年の法人税改正によって,税務目的に対する会計の現金主義から発生主義への転換が企業に強いられ,財務会計目的に対して利益の繰り延べが増大した。」「全体を通じて財務会計目的に採用される会計方法と税務会計方法が調和化する暗黙のプレッシャーが存在することを証拠は示している。」「税は,会計報告利益を課税所得に一致させるインセンティブを提供している。そのような税務所得に会計報告利益を一致させることは,保守主義を促進する傾向を生み出している」[23]としている。税も,経営者インセンティブに影響を及ぼす重要な要因である。

公益事業料金設定:さらに政府機関は,電気,ガス料金の設定のために財務諸表を利用する。公益企業の料金設定は,以下の公式にもとづいて設定される。

料金収益＝営業費＋減価償却費＋税＋（公正報酬率×資産ベース）

　営業費などの費用は，会計上の費用と共通するところが多いが，特に公益事業行政機関の定めた規則に従って算定されるものもある（風水害損失や建設プロジェクトの借入利子など）。「公正報酬（fair return）」は，公益事業で「資産ベース」に一定の率（「公正報酬率」）を乗じて求める。公益事業料金の収入額は，営業費や減価償却費等からなる原価額に報酬額を加えて算定される。このように計算された予定収入額は，キロワットなどの単位あたりの料金価格を設定する基礎となる。

　公益事業料金設定においては，経営者は，特に「資産ベース」を人為的に膨らませるインセンティブをもっている。例えば，資産をリースによって調達するよりも購買する方策を選択し，またリースによるとしても「営業リース」ではなく「資本リース」にする方が，「資産ベース」を拡大させ，「公正報酬額」を増額させることが出来る。またリース資産の減価償却を計上することによって料金水準を高めることも出来る。アメリカの企業のリース会計処理は，一般会社を見ると負債比率が高まるのを恐れて「営業リース」の会計処理を選ぶ傾向が高いが，公益事業会社だけは例外であり，「資本リース」の会計処理を選択する傾向が圧倒的に高い。[24]このようなリース資産のオンバランス化の傾向に，公益事業料金設定における資産ベースを拡大させようとする経営者インセンティブを見ることが出来る。

銀行規制：政府機関は，銀行などの金融機関に対して規制を行っている。預金者の保護のために一定レベルの自己資本比率を要請し，もし支払不能に陥る危険性がある場合には，早期是正措置を施して，銀行などの経営に介入する。財務諸表は，このような金融規制に必要な情報を提供するものとなっている。銀行規制にあたってとられるのは「最小限資本要請（minimum capital requirement）」である。財務諸表をベースにした自己資本比率は，総資産を資本で割ったものであるが，銀行規制においては，特別の自己資本比率の算定公式を定めている。銀行規制における自己資本比率（capital adequacy ratio）は以

下のように算定される。

$$自己資本比率 = \frac{自己資本（銀行規制で規定された）}{総資産（銀行規制で規定された）}$$

銀行規制当局は，最小限資本要請をもって，銀行規制を行っている。この条件において，銀行分野の経営者インセンティブは，自己資本を増額させ，総資産を減額させることによって，銀行規制当局の自己資本テストをクリアーすることに向けられる。銀行経営者による貸倒引当金の処理について，レブソン（Lawrence Revsine）等は，「実際のところ銀行は財務報告に表示されているよりも多くの不良債権があると考えられる。貸倒引当金の低表示は，資本要請からの銀行の逸脱を避けるのに役立っている」[25]と指摘している。規制回避は，経営者の重要な関心事項である。

裁判訴訟関係：アメリカ合衆国において，企業に対する株主訴訟は，日本とは比べものにならないほどに多く，その訴訟金額も大きい。株主訴訟にあって，財務諸表において多額の利益を計上している会社に対しては，より多額の訴訟のコストが生まれる可能性がある。そのため会社は，会計上，収益と費用の認識について差をもうけ，収益の認識は遅らせ費用の認識は早めるという保守主義の会計政策をとろうとする。ワッツ（Ross L. Watts）は，近年のアメリカにおける保守主義会計の普及傾向を指摘し，その原因を株主訴訟の増大に求めている。

「株主訴訟は，近年の保守主義の原因となっている。訴訟は，企業が純資産をより少なく計上する場合とより多く計上する場合で差別的な扱いを行う傾向にあり，より多い純資産を計上する企業にあっては，より多くの訴訟コストを生み出すことになる。純資産を低く計上することによって，保守主義は企業の予測される訴訟コストを下げる。純資産の高表示か低表示かによって訴訟コストが違ってくるのは，経営者に対する資源分配やその他の利害関係者による企業に対する資源分配が機会主義的に行われるのを防ごうとする法システムに準拠するがためである。経営者のように企業に直接の関わりをもたない株主などの個々人は，そのような防御システムを評価するものであり，訴訟が会計に影響を及ぼすことの説明と

なっている。」[26]

おわりに

現代の「認識」の論理のもとで認識領域が拡大すると，これまでにない規模で判断領域も拡大している。会計判断領域の拡大は，経営者による会計裁量の幅を大きく拡大し，会計情報の内容が，会計に対する経営者のインセンティブに依存することとなった。このような傾向に，現代会計の際立った特徴を見ることができる。会計情報の質は，もはや会計基準のみによって規制することは出来ない。監査制度，法律，行政システム，会社ガバナンス，資本調達システム，プロフェッショナルの倫理綱領，会計教育システムといった制度条件のもとでの経営者インセンティブが，会計情報のあり方にどのような影響を及ぼすか考慮せずにおられないものとなっている。

---

(1) 会計辞典において，「認識する (recognize)：取引を帳簿に記入する (to enter a transaction in the book)」とある。(*Accounting: the Language of Business*, by Sidney Davidson, James S. Schindler, Clyde P. Stickney, Roman L. Weil, 1977. p.42.) またFASB概念ステイトメントは，認識とは「ある項目を，資産と負債，収益，費用，もしくはこれに類するものとして，企業の帳簿に正式に記帳するかまたは財務諸表に記帳するプロセスである」としている。(FASB Statement of Financial Accounting Concepts, No.5, *Recognition and Measurement in Financial Statements of Business Enterprises*, 1984, par.6.)

(2) FASB No.2は，偶発損失の発生可能性を，プロバブル (probable) とポッシブル (possible) に分け，プロバブルのものは負債に計上し，ポッシブルのものは脚注表示すると要請している。この場合，財務諸表本体への計上について「認識」とし，脚注表示については「開示」として，区別している。

(3) Sterling, Robert R., A Statement of Basic Accounting Theory: A Review Article, *Journal of Accounting Research* 5(1), 1967, p.108, Robert R. Sterling, *Toward a Science of Accounting*, Scholars Book Co., 1980, p.73.

(4) Roychowdhury, Sugata, Earning Management Through Real Activities

Manipulation, *Journal of Accounting & Economics* 42(3), 2006, p.336.「経営者が，一定の利益目標に合わせようとして年間の実際の活動を操作するインセンティブを持っている。」「企業が一時的な売上増をはかるため，価格の引き下げを行い，そのことによって生み出される損失を避けようと，売上原価額を低めるための過剰生産に従事している。」(p.336.)

(5) レブスン（Revsine）等は，リース会計において，借手と貸手の会計処理は対応するものと想定されているが，しかし「このシンメトリー（symmetry）は完全なものではない」としている。借手が「資本リース」としているのに，貸手は「営業リース」の扱いで処理して，「借手の帳簿と貸手の帳簿の双方に資産が計上される」場合もありうる。また「シンメトリーを阻害する傾向は，貸手と借手がそれぞれ違った割引率を用いる場合にも生じる。貸手は，リースに含まれる想定リターン率を用いるよう要請されている。この率が借手の利率より高い場合は，リースを算定する上で互いに異なった割引率を用いることになる。」(Revsine, Lawrence, Daniel W. Collins, W. Bruce Johnson, H. Fred Mittelstaedt, *Financial Reporting and Analysis*, 4ed, McGraw-Hill/Irwin, 2008, pp.702-703.)

(6) APB Opinion No.11, *Accounting for Income Taxes*, 1962, par.14.

(7) FASB, SFAS No.96, *Accounting for Income Taxes*, 1987, summary.

(8) FASB, SFAS No.109, *Accounting for Income Taxes*, 1991, para.1.

(9) Revsine, Lawrence, Daniel W. Collins, W. Bruce Johnson, H. Fred Mitterlstaedt, *op.cit.*, p.753.

(10) Palepu, Krisha, G., Paul Healey and Vic Bernard, *Business Analysis & Valuation*, 3ed., Thomson, 2004, p.4-7.

(11) Ball, Ray, Ashok Robin, Joanna Shuang Wu, Incentives versus Standards: Properties of Accounting Income in Four East Asian Countries, *Journal of Accounting & Economics* 36(1-3), 2003, p.246.

(12) 現代の負債認識については，加藤盛弘『負債拡大の現代会計』（森山書店，2006）において詳細に検討されている。

(13) Wolk, Harry I., Jere R. Francis, Michael G. Tearney, *Accounting Theory: A Conceptual and Institutional Approach*, Thomson South Western, 1984, p.475.

(14) 現在の年金会計基準（SFAS No.158）では，プラン資産の公正価値と予測給付債務（PBO）との純差額を「ファンド・ステイタス（funded status）」とし，この「ファンド・ステイタス」の変動額は，年金費用のうち (1)「用役原価（service cost）」（将来の年金給付の増加を生み出す期間中に発生した用役原価）と (2)「利子原価」（年金負債に割引率を掛けて算定した利息），さらに

(3)「プラン資産の期待リターン」(年金資産に期待リターン率を掛けて算定したもの)によって直接,計算される。しかし,保険数理上の仮定と実際との違いから生み出される運用収益の差,ならびに年金資産の実際運用収益と期待運用収益との差から生まれる「利得損失」,さらに,年金プランの改訂によって生まれた「過去勤務原価 (prior service cost)」については,「累積その他の包括利益 (AOCI)」に算入させ,その後,期間の年金費用に関連する部分(「ファンド・ステータス」の変動関連部分)が消却計算される。

(15) Hail, Luzi, Christian Leuz, Peter Wysocki, Global Accounting Convergence and the Potential Adoption of IFRS by the U. S. (Part1): Conceptual Underpinnings and Economic Analysis, *Accounting Horizons* 24(3), 2010, pp.359-360.

(16) Ibid., p.16.

(17) Kothari, S. P., Karthik Ramanna, Douglas J. Skinner, What Should GAAP Look Like?, A survey and economic analysis, 2009, unpublished paper, p.7.

(18) Kothari, S. P., Karthik Ramanna, Douglas J. Skinner, Implication for GAAP from an Analysis of Positive Research in Accounting, 2010, unpublished paper, p.8.

(19) Ibid., p.16.

(20) Ibid., p.39.

(21) Ibid., p.26.

(22) シャム・サンダーは,「企業を株主や経営者,従業員その他をある一定の期待や行動のパターンに結びつける顕示的もしくは暗黙的な一組の相互関係もしくは契約 (a set of relationship or contracts, explicit or implicit) から成り立っている」として,会計の役割を,このような企業が取結ぶ相互関係・契約関係のもとに検討している。本章で検討する財務諸表の役割も,単に文書を締結する公式の契約の関係だけでなく,それも含めた,広い相互関係のもとにとらえようとしてる。(Sunder, Shyam, *Theory of Accounting and Control*, South Western College Pub., 1996, p.17.)

(23) Holthausen, Robert W. and Ross L. Watts, The Relevance of the Value-relevance Literature for Financial Accounting Standard Setting, *Journal of Accounting and Economics* 31(1-3), 2001, p50.

(24) Revsine, Lawrence, Daniel W. Collins, W. Bruce Johnson, *Financial Reporting and Analysis*, First Edition, Prentice Hall, 1999, p.562.

(25) Revsine, Lawrence, Daniel W. Collins, W. Bruce Johnson, H. Fred Mittelstaedt, *Financial Reporting & Analysis*, McGraw-Hill/Irwin, 4ed., 2009, pp.386-387.

(26) Watts, Ross L., Conservatism in Accounting, Part 1: Explanations and Implications, *Accounting Horizons* 17(3), 2003, p.209.

第3章
会計理論の制度分析

はじめに

　会計理論を見ると，ドイツとアメリカとでその理論構成のあり方に傾向的な違いがあることに気づく。ドイツの会計理論は，法律上の規範をめぐって展開され，法文や判例の引用，解釈で埋め尽くされている感がある。これに対してアメリカの会計理論は，会計情報の質をめぐる会計プロフェッショナルの判断に関わる論理が展開されている。ドイツ型の理論に見られる中心的な論理（法規範の解釈論理）はアメリカ型の理論にはなく，また逆にアメリカ型の理論に中心的な論理（会計プロフェッショナルの判断に集約する論理）はドイツ型の理論にはない。同じ会計学領域の理論であるのに，その構成のされ方がまったく違う。この違いは，なぜ生じるのか。

　ドイツ型，アメリカ型といった会計理論構成の傾向的な違いを，会計理論が果たす制度的機能の違いに関連させて理解しようとするのが，本章の主旨である。会計理論は，それぞれの国の会計実務と会計統制のあり方，監査などのエンフォースメント制度，政治的な規制，資本市場における流動性，会社統制のあり方，専門職の位置などと関係して，一定の制度的な役割をもって生成する。会計理論は，制度として機能するのを予定されているがために，それぞれの国の会計制度のあり方と結びつき，特徴的な論理構成がとられると考える。

　現代のIASB（International Accounting Standards Board）の概念フレームワー

クは，アメリカ型の会計論理に範をとったものであるが，この論理は，アメリカ型のプロフェッショナル会計制度の仕組みをとらない国においては，どのような意味をもつことになるであろうか。そのような理論が，制度基盤の違うところに適用されると，適応不全の事態，もしくは適応困難な事態，さらには適用されても意図されたものとまったく違う事態が生み出されると考えることができる。アメリカ型の理論は，アメリカ型の会計制度の仕組みをとらない条件にある経営者の報告インセンティブと整合しない。なぜならバル（Ray Ball）等が指摘するように，「(財務諸表) 作成者のインセンティブは，報告統制 (reporting jurisdiction) における市場の影響力と政治の影響力との相互作用にもとづいている」[1]ものであり，国家権力の領域に属する会計統制と政治システムとの相互作用のなかで経営者インセンティブは発揮されるからである。世界統一の，単一の概念フレームワークが成立したとしても，制度基盤の違う条件のもとでの経営者インセンティブとの関係で，世界において共通の制度効果が果たされると単純に信じることはできない。会計理論が世界的に単一なものに統一されることの現実的な意味とは何か，この興味ある課題に少しでも迫ることが，本章の課題である。

1. ドイツの会計理論（フレーリックス理論）とアメリカの理論（スターリング理論）

ドイツの会計理論としてフレーリックス（Wolfgang Freericks）の理論，アメリカの会計理論としてスターリング（Robert R. Sterling）の理論を取上げよう。いずれも現代の会計理論の展開において大きな影響力をもった理論であり，両者ともほぼ同時代に構築された理論として，比較検討するのに格好な対象であると思われる。

(1) ドイツ：フレーリックス理論

　フレーリックスは，1976年出版の著書（*Bilanzierungsfähigkeit und Bilanzierungspflicht in Handels-und Steuerbilanz*）において，「貸借対照表表示の問題，すなわち何が貸借対照表に表示されるかという問題を一貫して取り扱う」とした。特に，商事貸借対照表の「財産対象物概念を決定するための判断基準を作り上げること[2]」を中心課題としている。フレーリックスによる会計理論の構築の眼目は，ドイツ商法典（第38条第1項）の「正規の簿記の諸原則（Grundsätze ordnungsmäßiger Buchfürung）」の法規範を満たすべき「財産対象物」概念を具体化することである。そこでの判断は，法的な規範に向けての判断である。

　ドイツ会計制度は成文法の体系に組み込まれ，このもとで会計実務は「正規の簿記の諸原則」の成文法規範による裏付けなくしてその正当性をもつことができない。したがって「正規の簿記の諸原則」の内容が問題になるのであるが，しかし，それは「一般条項」として，それ自体，具体的内容をもたない「不確定の法概念（unbestimmter Rechtsbegriff）」とされている。フレーリックスは，その内容については，「価値づけによって充填されねばならない[3]」とする。「正規の簿記の諸原則」は，「価値充填」を必要するものであるから，それは，「法規効力を誘導する法規である」と規定する。

　　「商法典第38条第1項は正規の簿記の諸原則という表現によって法律外の事実を指示しており，その事実に法規効力を実行する能力を与えるのである。この法律外の事実が法の内容を形成するのであるが，その内容は，この事実自体に由来する，国家機構外の命令の力によってではなく，この事実を承認する法律の中で与えられた法の命令の力によって形成されるのである。[4]」

　「正規の簿記の諸原則」は価値充填を必要とする。その場合の価値充填は，科学的方法にもとづき，学説（「経営経済学」）によってなされる。それは「事物の本性からの誘導」，すなわち「目的論的解釈」によって意味づけられるべ

きものとする。フレーリックスは，以下のように述べている。

「正規の簿記の諸原則は，その内容と外延が科学的方法によって簿記の目的及び目標から誘導され，商人をして自己の帳簿をそれに即して記帳するよう義務づけている命令として定義することができる。[5]」

このようにフレーリックスは，「何が貸借対照表に表示されるか」という問題を，「正規の簿記の諸原則」に対する価値充填の問題として，すなわち法規範に対する解釈の問題として展開している。その上で，「正規の簿記の諸原則」のもとでの「財産対象物」概念（これ自体も不確定の法概念）に意味付けと解釈を与える。そこでは「財産対象物」は，その経済観察による「経済財」としての性格をもち，貸借対照表に表示されるべき経済財は，それに実質的支配を行使する経済的所有権に従うものである，とする。

このようにフレーリックスの会計理論は，商法典の規範に対して価値充填するという目的意識のもとで展開されている。その理論が，「事物の本性から誘導する」「目的論的解釈」をもって行われる。その結果，これまで法規範上，正当性をもっていなかったリース資産やリース負債に代表される項目が新たに貸借対照表表示能力をもつこととなった。

フレーリックスの会計理論に見られる特徴は，一貫して，「正規の簿記の諸原則」に対して価値充填する内容が展開されている点にある。このような法規範の解釈に向けた理論の展開は，フレーリックス個人にかぎられた特徴ではなく，ドイツ会計理論に見られる傾向であると思われる。極めて法規範解釈に傾斜した会計理論の在り方は，アメリカの会計理論には見られない。ドイツの会計理論が，なぜ法規範解釈に傾斜した理論を展開するのか，それは，ドイツの会計制度のもとで会計理論が，法規範に価値充填する，法的権威に関わる「学説」として，その役割が制度に組み込まれているためである。[6] 学説は，それ自体，法的権威を充填する制度としての意味をもっている。

(2) アメリカ：スターリング理論

　今日の FASB 概念フレームワークの理論の原型を歴史的にたどると，1968年に公表されたスターリングの会計理論に行きつく。FASB 概念フレームワークにおいて展開されている基礎概念，「意思決定有用性（decision usefulness）」の会計目的の設定も，「レリバンス（relevance）」と「信頼性（reliability）」の会計情報の質的特性の概念も，さらには「信頼性」の概念の内容となる「表示上の忠実性（representational faithfulness）」や「検証可能性（verifiability）」の概念も，その原型は，すでにスターリングによって展開されていた。

　スターリングの理論は，利益計算の論理を簡潔な規準にまとめ上げて展開している。最初に掲げられる規準は，利益計算に向けての評価係数の選択を，いずれが「情報内容（information content）」を有するかというところに求めるものである。すなわち，「情報内容」の規準とは，「より多くの情報をもたらす評価係数は，劣った情報しか生み出さない評価係数より勝っている[7]」とするものである。何が「情報内容」をもつか，それを決めるのは情報の「有用性（usefulness）」である。情報が「有用」であるには，二つの要件を満たさなければならない。その要件とは，(1)「検証性（verity）」と (2)「レリバンス（relevance）」である。

　　「情報は検証性（veritable）をもちかつレリバントでなければならない。検証性は，『現実との一致』に関係し，このことは資格ある観察者間の合意の意味となる。レリバンスは，特定の問題に対するデータの適用可能性に関係する。何がレリバントであるか，理論がそれを特定化する機能を果たす[8]。」

「検証性」とは何か。スターリングが情報内容の第 1 の要件とするものであり，以下のように規定している。

　　「検証性の概念は，『現実との一致（conformance with reality）』を意味する。そのメッセージは，現実世界のことに何かしら言及しようと意図した言語的ないし

記号的な命題である。もしメッセージが現実の世界を忠実（faithfully）に表すならば，その場合は『検証性のあるもの（veritable）』となる。このことが『情報』と呼ばれるための必要条件である。メッセージが現実の世界を忠実に表さないならば，それは『誤った情報』とされる。[9]」

　しかしながら現実を記述するにしても，現実は様々な知覚者によって様々に知覚され，またその知覚についての解釈も異なる場合がある。どの知覚や解釈が誤りであるか容易に決定できない。この問題について，スターリングは，「観察者間の合意が検証性のテストとなるという仮定を立てることによって解決される」とする。最終的には，「検証性は，資格ある観察者間の合意（agreement among qualified observer）によって判定される[10]」，としている。

　情報が有用であるための要件としてスターリングが設定するもう一つの規準は，「レリバンス」である。レリバンスとは「特定問題に対するデータの適用可能性に関わるものである」。問題状況それ自体では，レリバントな情報を特定化しない。何がレリバントであるか特定化するのは理論である。「問題解決に関する理論が，レリバントな情報を具体化する[11]」。「意思決定理論」はそのような役割をもった理論であり，そのような理論によって，どのようなデータがレリバントであるか特定化される。

　このようにスターリングは，情報内容についての「検証性」と「レリバンス」の要件を設け，情報内容をもった評価係数を検討する。その二つの要件をもって，詳細に評価係数を検討した結果，「現在市場価値評価法（present market method of valuation）」が最も優れた評価係数であるとする。過去の購入価格である歴史的原価は，「いかなる意思決定理論にも適合性をもたない」として，排撃する。

　スターリングが立てた，情報内容の要件の一つ，「検証性（verity）」は，1979年の著書において「経験的検証可能性（empirical testability）[12]」の用語に変更される。これは用語レベルの変更であり，概念内容の変更ではない。1970年代のスターリングは，以下の引用にも示されるように，会計が経験的に検証

可能な現実を扱うものであることをあらためて強調している。

　「財務諸表が好み・テースト（taste）の事柄とするのではなく検証・テスト（test）の事柄となるよう，それを再定義しようではないか。この方向性の選択は，経験的現象を反映するよう財務諸表がデザインされるのを求める。財務諸表上の数値が現在の経験的現象を表現しようと意図したものとなるならば，その数値は科学的なテスト—テーストではない—に供すことができるものとなる。他方，数値がコンベンションによって計上されれば，その数値は何らかの観察不能なフィクション（『未費消の原価』のごとき）に関わるものとなり，テストはできず，テーストの事柄でありつづける。[13]」

「検証性」から「経験的検証可能性」への変化には，会計が経験的事象を扱うという，もとからの意味をより鮮明にしようとする意図があったと思われる。

このようなスターリングの理論は，後に展開されるFASBの概念フレームワークに対して基本的な骨格を提供した。FASB概念フレームワークによる情報の質に関わる基本概念である，「レリバンス」と「信頼性」は，スターリングがすでに1960年代に展開していたものである。

ただしFASBがスターリングの理論を吸収するにあたって，意図的に剥落させた要素がある。スターリングは「検証性」を「経験的検証可能性」の意味で用いて展開し，またこれを最優先の概念として設定していたのであるが，FASBは，「経験的検証可能性」の含意を取り除き，「表示上の忠実性」という，会計表現が表現しようとしたものを忠実に表現しているかどうかの問題にすり替えた。しかもFASBにとって，「信頼性」の概念は，第一優先概念でなく，「レリバンス」に対してある種の拘束をかける第二義的な概念としている。「信頼性（経験的検証可能性）」は，スターリングにとっては最優先の要件であるが，FASBは第二義的な要件に引き下げたのである。スターリング理論は，その理論がもつ重要要素を剥落させて，FASB概念フレームワークに組み込まれた。

以上，スターリング理論を見てきた。スターリングは，会計認識における情報の質についての理論を，科学哲学や論理学のラディカルな論理を借用して展開した。それは，当初「まったく会計学の著書ではない（not really an accounting book）[14]」との印象をもたれたほどの奇抜なものであった。しかしスターリングの論理は，FASBの概念フレームワークに組み込まれ，今日では，親しみのある概念となって普及している。スターリング理論の中心は，会計プロフェッショナルの会計判断に関わる会計情報の質に向けられている。このような論理設定によって，伝統的な「対応」と「配分」の会計論理は排撃され，それらの存在は，影を薄くして行った。

2. 会計理論の形成基盤

(1) 会計理論の型をきめるもの

　ドイツの会計理論をフレーリックスに，アメリカの会計理論をスターリングに求め，会計理論のドイツ型とアメリカ型をイメージするための素材として二つの理論を取り上げ，その概要を見てきた。

　ここから言えることは，フレーリックスの理論は，成文法規範にいかに価値充填するか，貸借対照表での資産表示問題が成文法規範の正当性を満たすものであるかどうかを，検討の中心としている。そこでは極めて法律に傾斜した論理が展開されている。その展開の仕方に，ドイツでは，会計学説が法解釈学としての制度的位置にあることを，あらためて思い知らされる。そこでは，当然のことであるが，会計プロフェッショナルが下すべき判断の適切性に集約する論理はまったく見られない。

　他方，スターリングの論理は，はじめから法規範原理にかなう論理を設定しようとする意識などまったくない。「対応」と「配分」といった会計論理が支配するなかで，それらに対抗して，新しい論理を展開しようとしたものである。それは，会計の情報内容とは何か，その情報内容を有用なものにする規準

とは何か，この規準に適合する評価係数とは何か，といった問題が展開されている。その論理が集約する中心は，会計プロフェッショナルの判断に関わる問題である。このようなスターリングの理論は，後のFASB概念フレームワークの中心をなす概念となって組み込まれ，大きな影響力をもった。スターリング自身も，FASB概念フレームワーク・プロジェクトの上級研究員として参加し，概念フレームワークの内容に影響を及ぼしている。スターリングの理論は，そのラディカルな論理をもって，プロフェショナル会計制度を支える重要な役割を果たしたと思われる。

このようなフレーリックスとスターリングの理論の特徴を，それぞれの論者の個人的な資質に帰すのでなく，それぞれの理論が関連していると思われる会計制度の在り方に関わらせて見ることが大切であると考える。フレーリックスとスターリングの理論のスタイルの違いが生まれるのは，個人の性癖だけによるものではない。その基礎には，会計理論が担わされている制度的な期待，要請がある。

会計理論は，制度としての機能性を担わされて成立する。会計理論は，会計システムに関わるものである。会計システムは，レウツとビュステマン (Christian Leuz and Jens Wüstemann) が言うごとく，それぞれの国の関連する制度要素と補完関係にある。

> 「会計システムは，他のサブシステム（すなわち持分や信用市場，会社ガバナンス）と相互作用した財務システムのサブシステムである。理想として，会計システムは，他の制度フレームワークの要素と補完関係 (complementary) にあるものである。このことは会計システムと一国の制度インフラストラクチュアとの間の整合関係は，国ごとに異なった会計システムと情報レジームを生み出す可能性がある。[15]」

会計システムは，それぞれの国の金融システム，会社統制，契約関係の制度インフラストラクチュアに組み込まれ，それらの制度との相互補完関係をもって機能している。会計理論も会計システムに関わり，それぞれの国の会計制度

インフラストラクチュアと結びつき，一定の制度的機能を期待されて成立する。したがって会計理論の性格は，会計システムが関係するその国の政治・経済システムの制度的あり方に関連させて明らかにしなければならない。このことを検討するために，ドイツとアメリカの会計制度の在り方と，そのなかでの会計理論に対する制度的な需要を見ていくことにしよう。

(2) 二つのガバナンス・モデル

会計システムの制度的あり方は，二つの様式化されたガバナンスのもとに説明される。様々な表現がされているが，目についたものを列挙してみる。一方がドイツ型，他方がアメリカ型のものとなる。

表3-1 ガバナンス・システムにおけるドイツ型とアメリカ型

ドイツ型	アメリカ型
関係ベース（relationship-based）システム	特定のつながりを前提にしない（arm's-length）システム
インサイダー（insider）システム	アウトサイダー（outsider）システム
ステークホルダー・ガバナンス・モデル（stakeholder governance model）	株主ガバナンス・モデル（shareholder governance model）
プランニング志向コード・ロー（planning-oriented code-law）	市場志向コモン・ロー（market-oriented common-law）

ドイツの金融システムは，「リレーションシップ・ベースのインサイダー・システム」とされている。企業は，資本調達をパブリックな市場を通じてではなく，銀行を中心とする金融機関との密接な相互関係を築いて行う。レウツ（Christian Leuz）等はドイツのガバナンス・システムにおける会計情報の特性について以下のように指摘している。

「コーポレート・ガバナンスは，主として情報に特権的なアクセスをもつインサ

イダー(ボード・メンバー)の手にある。システムの性格からして,情報の非対称性は,パブリック・ディスクロージャーよりも,私的な経路を通じて解決される。[16]」「このシステムにおける会計の役割は,公に公表される情報にあるのではなく,債権者保護のため,また内部留保を促進するため,外部投資家に対する配当権限に制限を加えて,リレーションシップ・ベースの金融を促進するものとなっている。[17]」

ドイツは,成文法すなわちコード・ロー(code-law)の国である。ドイツの会計に関わる政治的な統制の仕組みについて,バル(Ray Ball)等は,以下のように述べている。

「コード・ローの国においては,会計に対する比較的強力な政治的影響が国レベルまた企業レベルで生じる。政府は,国家の会計基準を,労働組合や銀行,財界のような主たる政治グループからの代表者の参加をもって,制定(establish)し,実行(enforce)する。企業レベルでは,政治プロセスは,企業と契約する主要なグループのエージェントが含まれる,『ステークホルダー』ガバナンス・モデルが生み出される。当期の会計利益は,株主に対する配当,政府に対する税,経営者に対するボーナス,またおそらく従業員に対するボーナスといったように,グループ間に分配されるパイ(pie)と見なされる傾向がある。コモン・ローの国と比較すると,コード・ローのもとでの会計利益に対する需要は,労働や資本,政府といったエージェントの分配選好(payout preferences)に影響を受け,パブリックなディスクロージャーの要請に影響を受けることが少ない。反対に,これらのグループのエージェントが会社ガバナンスを代表しているために,経営者とステークホルダー間にある情報の非対称性は,インサイダーのコミュニケーションをもって解決される。それらのものが重視するのは,分配を変動性の高いものにしないこと,それゆえ利益も変動性の高いものにしないことである,と考えられる。このようにコード・ローの会計基準は,経済的な利得や損失をいつの時点で会計上の利益に組み込むか決定するに,経営者に大きな裁量を与えている。経営者は,利益のボラテリティを,会計基準の適用を変えるとか,経営と財務,投資の意思決定を変える(例えば試験研究費(R&D)のような裁量的な支出を利益成績の悪い年度には繰り延べる)とかして,減じる。[18]」

このようなドイツ型のガバナンス・モデルに対して,アメリカ型はまったく

違うあり方を示している。

アメリカの金融システムは「市場志向型のアウトサイダー・システム」とされている。企業の資本の調達は，パブリックな資本市場を通じて行われる。そこでは経営者や企業をモニターすることが必要とされ，このことを可能にするための財務ディスクロージャーが重視される。また企業買収がうまく機能するためにも，ディスクロージャーが必要とされる。ここでは企業と投資家の間にある情報の非対称性は，パブリックなディスクロージャーを通じて解決される，との確信がある。

バル（Ray Ball）等は，アメリカ会計に関わる政治的統制について，以下のように説明している。

「マーケット志向のコモン・ローの国では，『株主』モデルが典型となって，会社ガバナンスの権利を株主に付与している。そこでは大規模でより多様な個人株主と社債権者が存在し，情報の非対称性は，パブリックなディスクロージャーを通じてより効率的に解決されている。したがって，そこでは経済的利得損失をよりタイムリーに会計報告利益に組み込むことを含めて，より高品質の会計情報を求める需要がある。」「基準設定とエンフォースメントは本来，私的セクターの機能のものである。会計基準は，もともと独立の会計プロフェッションによって決定されており，そのメンバーは会社に対して彼らのサービスのマーケティングを行っている。コモン・ローの諸国の監査人は，情報利用者と企業の間での契約的関係を示すものとして，財務報告が『公正（fair）』で，または『一般に認められた会計原則』のような市場基準に合意し，一致しているとの証明を行っている。高い質をもった財務報告に対する必要性は，市場システムにおいて強められ，それゆえそこでは株主訴訟が高い頻度をもって生じ，そのコストが存在する。公開会社は，流動市場での株式上場をもって，コモン・ローの国において，大規模で質の高いパブリックなディスクロージャーのおかげをこうむって，大きな経済的アウトプットを生み出している。[19]」

会計制度が重要な関係をもっているドイツ型とアメリカ型のガバナンスを見てきた。このようなガバナンスの構造は，会計制度の違いを生み出し，また会計理論に対する需要の違いを生み出す。ドイツとアメリカとで，会計理論に対

する制度的な要請はどのような特徴があるのか，見ていくことにしよう。

(3) ドイツ会計制度と会計理論需要

　ドイツの会計制度は，きわめて法規範にもとづいた運営の仕組を作り出している。このような特徴的な会計制度のあり方が，会計理論に対する需要を生み出す。

　ドイツの会計規定は，商法典（Handelsgesetzbuch：HGB）における一般条項の「正規の簿記の諸原則」による正当化を受けたものである。「正規の簿記の諸原則」は，「企業が財務諸表を作成するにあたって適用しなければならないあらゆる法ルール，原則，基準，規範を包括するものである」[20]。会計規定が法律規定となっているから，その適用については裁判所において問題にされることになる。裁判所の判決において，問題が生じた場合，「会計は現実的問題（positive issue）でなく規範的問題（normative issue）と考えるべき」[21]とされている。ドイツ連邦財政裁判所（Bundesfinanzhof）は1967年に，「たとえ一般的に普及している会計実務が裁判所において取上げられるようなことがあっても，公式の会計ルールについて法が意図した目的にかなう財務諸表実務のみが，正規の簿記の諸原則を構成する」との判決を下している[22]。すなわち，一般に認められ普及していること自体が法的な正当性をもつものではなく，法の目的，規範に照らして演繹的に導かれたものだけが，法的正当性をもつとされている。

　ドイツにおいては，会計基準は，法律上の規範命題から演繹的に導き出されたものをいう。アメリカのようにプロフェッショナルの判断につながるものとはされていない。レウツとビュステマンは以下のように述べている。

　「法的観点から，裁判所の判決において設定された会計の原則と基準は，ドイツの正規の簿記の諸原則の一部となる。言い換えると，ドイツ裁判所は，正規の簿記の諸原則を決定する。他方，合衆国の裁判所は，U. S. GAAPのようなプロフェッショナルな会計基準が環境に適合しているかどうか決定しなければならない。ドイツにあっては，会計原則は，法律ルール（Rechtsnormen）と考えられて

おり，プロフェッショナルな基準（Fachnormen）とは考えられていない。その結果，またドイツ憲法にしたがって，ドイツの正規の簿記の諸原則の決定は，ほとんどが『法解釈』の事柄となり，FASBやIASBのごとき私的設定団体の活動から生まれるものではない。やや一般的な性格の成文化された会計原則が裁判所によって解釈され，発展される。[23]」

このようにドイツにあっては，会計において「法の圧倒的優位性（predominance of law）[24]」がある。会計の理論は，このような制度条件のもとでは，「正規の簿記の諸原則」の規範を満たすもの，それゆえ裁判所の判決に正当性を与えるもの，その論理を提供する役割を担わされている。「正規の簿記の諸原則」自体，「不確定の法概念」として内容が具体的に確定されているわけではないから，時代が進み，時代の変化に法が適応するには，常に新しい要素が組み込まれ価値充填を受けなければならない。また裁判所の判決においても，過去にない新しい事例が生まれた場合には，法規範にかなった判決が出来るような論理が求められる。「正規の簿記の諸原則」への価値充填，裁判所判決の法的正当性に向けての論理提供が，会計理論に求められる制度的要請となっている。そこでの理論構築は，法規範を満たすため，「事物の本性からの誘導」，「目的論的解釈」が問題とされ，きわめて権威的な特徴をもって展開される。そこではプラクティカルに有用な会計情報とは何か，その有用性を決めるメルクマールとは何か，会計人が発揮すべきプロフェッショナルな判断とは何か，というような命題は最初から問題とされていない。ドイツにおいては「学説」とそれを産出する「学者」が独特の権威をもっている。そのような権威の源はどこから生じるかといえば，それは法規範の絶大な権威からであり，それに価値充填するという制度的な位置からである。

(4) アメリカ会計制度と会計理論需要

アメリカにおいては，法律は会計手続の方法についてほとんど介入しようと

はしない。「州は会社法を制定しているが、しかし会社による期間の財務報告の内容については事実上沈黙（silent）の状態にある。[25]」会計基準を制定する法的な権限は SEC に属するが、SEC はこの権限を実行せず、財務諸表の作成については「相当の権威の支持（substantial authoritative support）」のあるものによるとしてきた。このもとで私的な機関、現在では FASB が会計基準を設定している。

　アメリカにおいて、会計基準の必要性は、監査にある。会計プロフェッションは、監査において、「一般に認められた会計原則に一致して公正に表示されている（present fairly in conformity with generally accepted accounting principles）」との意見表明をしなければならない。その監査証明の文言について、歴史をたどると、最初は、「認められた会計プラクティス」の表現が採用されていた。「一般に」という用語は後から加えられたものであり、「認められた原則（principle）」は、以前では「プラクティス（practice）」であったという。会計の手続は、法規範による裁可によるものでなく、まして特定の学説によって発見された学理によるものでもない、すなわち「認められたプラクティス」であることによって、その適正性が認定され、その権威をもつことが出来る。このような問題解決のアプローチは、コモン・ローに見られる特徴である。バル（Ray Ball）は、「コモン・ローは適切なプラクティスとして普通に（commonly）受け入れられるものとは何かと問うことから生じる[26]」として、コモン・ローの論理自体にプラクティスにおける合意を問題にする基本姿勢があることを指摘している。このようなコモン・ローの問題解決のアプローチは、「一般に認められた会計原則」の論理に根強く存在する傾向である。

　「認められたプラクティス」であるかどうかは、職業会計士のプロフェッショナルな能力をもって認定されるべき性質を持つ。「認められた会計プラクティス」は、会計プロフェッションの判断と能力その権威をもって、「一般に認められた会計原則」が見出される。何が「一般に認められた会計原則」であるかは、それを見極める会計プロフェッションの判断と能力、その権威に依存することになる。

しかしながら「一般に認められた会計原則」をインフォーマルな形のままにしておくのであっては，会計士の判断も権威をもつことが出来ない。そこで「一般に認められた会計原則」を形のあるものに公式化する必要性が生まれてくる。会計基準の設定は，法規範への価値充填にもとづき適法性を発見することではない。それは「認められたもの」を公式化する，すなわちフォーミュレート（formulate）することなのである。

「一般に認められる会計原則」の公式化を促すのは，会計プロフェッショナル制度の権威付けの必要性である。このような必要性は，経済的な危機と会計の信頼性に対する危機から生まれた。アメリカにおいては，1929年の大恐慌をきっかけとして，職業会計士団体の代表による「一般に認められた会計原則」の公式化の運動が展開された。「一般に認められた会計原則」の公式化は，ただ「一般に認められた」とされる会計手続を，個別に細切れ（piecemeal）に表明するというものであっては，その権威付けは不十分である。「一般に認められた会計原則」の公式化は，その背景に整合的な脈絡のある論理をもつことによって，社会的に合意化され，権威をもつことが出来る。会計基準に対する合意を創り出し，そのことによって会計プロフェッショナルの判断に権威をもたせること，このような制度上の必要性から，会計理論に対する需要が生まれた。このような求めに応じて成立したのが，「対応」と「配分」の近代会計理論であった。アメリカの会計理論の形成の基礎には，「一般に認められた会計原則」のフォーミュレートに関連して，権威付けを求める需要があった。

FASB概念フレームワークの理論も，経済的な危機と会計に対する信頼性の危機を背景に生成したものである。会計の理論は，個別の理論としてあるのではなく，概念ステイトメントとして，強い制度的意味を付して表明される。なぜ理論がステイトメントとして表明されなければならないのか，その基礎に，会計基準に対する社会的合意化をはたし，会計プロフェショナル制度の権威化をはかる必要性があったからである。

スターリングによる会計理論は，会計情報の有用性を決める基本概念（「検証性」と「レリバンス」）を，科学哲学の理論にもとづき構築したものである。

その理論は，概念フレームワークそのものを目指して構築されたものではない。多くの規範的な理論が展開される中で，スターリングの理論は，会計選択と判断に関わる理論として，強い影響力をもったものである。FASB は，この斬新な論理を取り込み，概念フレームワークの中心概念（「レリバンス」と「信頼性」）に据えた。しかし概念ステイトメントは，制度の理論である。そのために，FASB 概念フレームワークは，スターリング理論の中枢ともいうべきメッセージ（「会計情報は経験的検証可能な経済事象を表示しなければならない」）を剥落させ，「経験的検証可能性」の意味を抜き取り，新しく意味付けられた「表示上の忠実性」なる論理の設定を行った。個人レベルでの理論においてその核ともいうべき命題は，概念フレーム形成における，合意と妥協，多数派形成の政治プロセスにおいて抜き取られていった。概念フレームワークは，会計プロフェッショナル制度の権威付けを果たすべくして設定されたものであり，その制度的機能からすれば，「経験的検証可能性」を求める論理は，捨て去るべきものであった。

3. 国際会計基準の論理と国際的適用不全

(1) プリンシプル・ベース会計基準と概念フレームワーク

　概念フレームワークはアメリカにおいて成立し，つづいて英語圏諸国（イギリス，カナダ，オーストラリア，ニュージランド）においても生成した。そして，1989 年に国際会計基準の設定機関（IASC-IASB の前身）によって表明された。この概念フレームワークは，「レリバンス」と「信頼性」の基本概念を含み，内容において FASB のものと大差のないものとなっている。アメリカの会計制度に特化して成立したと思われた概念フレームワークが，アメリカと同じような会計制度を有する英語圏諸国に限られることなく，その枠を乗り越え，世界的に統一化された会計の論理として，祭り上げられたのである。

　しかも国際会計基準設定機関（IASB）における会計基準設定は，「プリンシ

プル・ベース (principles-based)」を唱えている。この場合のプリンシプル・ベースとは,「ルール・ベース (rule based)」と対抗関係をもって説明されるものである。本来の言葉の意味からすれば,ルールはプリンシプルから引き出され具体化されるものであり,対抗関係にあるものではない。ここで言うルール・ベースとは,特別規定や例外,例示,実行指針を設けるなど,「白黒はっきりさせた (bright line)」,「あれかこれかの (on-off)[27]」の規則を設定し,詳細で複雑な「ルールによる実行ガイダンス」を作ることを意味する。その結果,経営者が「ルールに合わせて取引を構成しようと財務と会計の操作 (engineering) を行う[28]」という負の効果を生む会計基準のことである。アメリカにおけるエンロン事件に代表される会計不信の高まりの中で,サーベンス・オックスリー法 (Sarbanes-Oxley Act, 2002) が制定され,その中で,プリンシプル・ベースの会計基準の理想が示された。プリンスプル・ベースの基準は,「コンセプト・ベース (concepts-based) 基準」(あるいは「目的志向 (objective-oriented) 基準」) とも言われ,会計プロフェッションの判断の基礎となるコンセプト中心の会計基準のことであり,会計士によるプロフェッショナルな判断にもとづいた運用を想定した会計基準のことをいう。

　国際会計基準と FASB は,詳細なルール設定をするのでなく,コンセプト・ベースの,会計士のプロフェッショナルな判断に傾斜した基準作りをしようと宣言している。とりわけ国際会計基準 (IFRS: International Financial Reporting Standards) は,アメリカの FASB 基準よりも強く,意図的にプリンシプル・ベースを志向している。[29] ここでは,概念フレームワークの存在が,コンセプト・ベース (プリンシプル・ベース) の基準設定とあいまって,重要な制度的な位置をもつことになる。コンセプト・ベースの会計基準は,その規準となるコンセプトを支える論理を必要とし,概念フレームワークの存在をもって,その制度的意味をもつことが出来るからである。

(2) 概念フレームワークの論理は,プリンシプル・ベースの会計基準と整合するか

しかしながら概念フレームワークの論理は,その性質として,プリンシプル・ベースの会計基準を生み出すことは出来ない。「経済的資源(資産)」と「それに対する請求権(負債)」を「公正価値」にもとづいて評価するという概念フレームワークの論理は,経験的検証可能性を剥落させた論理であるために,プリンシプル・ベースの基準設定につながらない。それはルール・ベースにならなければ実行できない性質を有している。ベンストン(George J. Benston)等は,以下のように指摘している。

> 「会計原則が判断を必要とすることが多くなればなるほど,より多くのガイダンスが必要となり,さらに多くの例外を作らざるをえず,これらのことをなくして会計基準の設定は難しいものとなる。FASB は,資産と負債の公正価値測定を,それがレリバント(目的適用可能)で信頼できる(客観的に決定できる)市場価格にもとづくことがない状態にある場合ですらも,継続して認め,拡張しようとしている。FASB は,認められるインプットを決めるのに詳細なルールをもたなければならないし,またうわべ上,プリンシプル・ベースの体制をとっている場合ですらも,代替的な評価方法の選択適用にあたって詳細なルールを必要とする。他方では,評価と比較できる価格,評価モデル,期待キャッシュ・フローやプロバビリティ,適切な割引率といった経営者の主張に対して,監査人は何にもとづいて,それに挑戦することが出来るというのであろうか。結果は,現在のルール・ベースの会計基準モデルを,その誤りも引き継いで,存続させ,拡張させることになるであろう。[30]」

IASB は,FASB 以上にプリンシプル・ベースを強調しているが,IASB については,概念フレームワークを基礎にしたコンセプト・ベースの会計基準を実行する上で,特別の困難な問題がある。というのは,公正価値基準は詳細なルール・ベースのガイダンスとエンフォースメントの制度なくして実行できない性格をもっており,そのことが,それぞれの国の資本市場の状況や政治シス

テムの制約を受け,意図された通りの効果が発揮できなくなる。

　バル（Ray Ball）は,「ほとんどの市場とほとんどの政治はローカルであり,グローバルではない」とする。例えば,経済へ政府が組み込まれるその程度,財務報告に及ぼす経営者や労働組合や銀行の政治的関与の程度,コモン・ローかコード・ローかの法システムのありかた,訴訟の程度,証券規制とその機関の状態,資本市場の状態,資本調達のあり方,マスコミや財務アナリスト,格付け機関の状態,コーポレート・ガバナンスの状態,会社所有権者の状態,家族支配ビジネスの程度,「系列」などの関連会社グループの範囲,金融仲介業者の状態,個人株主と機関投資家の役割,経営者報償に対する財務諸表の用いられ方,監査人の独立性や報酬など,これらの事柄のリストから言えることは,「財務報告はローカルな脈絡のなかにあり,グローバルではない。グローバライゼーションは進んだが,明らかに経済と政治活動の大半は,国内向き（*intra*national）のままであり,実際の会計実務のほとんどの背景にある規定要因は,近い将来についても,その性格上,一国内（domestic）のままであり続ける可能性がある。」[31]

　とりわけ公正価値の評価基準は,多くの判断を含み,ローカルな経済的政治的勢力,経営者や監査人,裁判所,規制団体の政治的な力による影響や,また市場の流動性などの経済的要因にも影響を受け,それが世界共通の質をもった情報を創り出すことは出来ない,とバルは指摘する。

　「IFRS（International Financial Reporting Standards）における公正価値への移行は,IFRSの実行が経営者と監査人の判断に依存させることにのみに力点を置くことになり,そのためにローカルな政治的経済的な影響を受ける。さらにIFRS採用の大多数の国は,有価証券,デリバティブの進化した流動市場を有しているとは言えない。IFRSの公正価値会計基準の実行は,流動性の欠如,『マーク・ツー・モデル（mark to model）』における広い値幅（wide spreads）と主観性（subjectivity）」の問題に見舞われる。さらに多くの国において,資産の減損基準の実行に必要な情報は貧弱であり,監査人や他のモニター担当者にとって容易に観察できるものではない。さらに悪いことには,公正価値会計のもとで判断を実行するのに,低い流動性しかない市場と資産減損に関する貧弱な情報しかないた

めに，非常に大きな判断領域が成立するような国は，明らかに貧弱なローカル・エンフォースメントの制度（監査プロフェッショナル，法的保護，規制，その他）しかない国である。判断は会計基準施行の一般的な属性であるが，判断へのワールドワイドな依存は，公正価値会計への移行と流動性のない市場の国における公正価値の採用によって，IFRSのもと，広く拡張されることになる。[32]」

世界統一の会計理論になった概念フレームワークの論理と統一の会計基準は，そこに特別の困難性が付随している。これを克服するには，エンフォースメントの制度が国際的に単一のものになる以外にない。しかしエンフォースメントは，ローカルでポリティカルな領域に属するもので，すぐさま，グローバルになり得ない性質をもつ。

(3) 世界統一の概念フレームワークの不適合

たとえ世界統一の概念フレームワークと会計基準が設定されたとしても，ただそれだけで会計の国際化が一挙に進み，世界の会計情報の質は同じものになり，財務諸表の国際的な比較可能性が高まると考えるのは，あまりにも「幼稚な考え（naive）のように思われる。[33]」ハイル（Luzi Hail）等は，企業経営者による財務報告のインセンティブは，国ごとに違っており，そのために判断要素を多く含んだ会計基準は，たとえ統一化されても，生み出される会計情報の質は同じレベルのものとならないと，指摘している。

「会計基準は，基準の適用にかなりの判断が含まれるということで，企業に対して報告上の大きな裁量を与えている。例えば，会計測定は，会社の私的な情報に依拠するものであり，そこには経営情報セットの主観的な表示となる将来のアセスメントが含まれている。企業は報告裁量をもち，この報告裁量は報告インセンティブに依拠する。
　一般に企業の報告インセンティブは，法制度（すなわち法ルール），エンフォースメント体制（監査）の強さ，資本市場（外部資本調達の必要性），製品市場競争，企業の報酬，所有権，政府構造とその運営上の特徴などを含めた多くのファ

クターによって形作られている。証拠は要素ごとに違うが，近年の経験的研究は，企業の報告インセンティブについての重要性を明確に支持している。とりわけIFRSの議論に関係して，近年の研究は，企業が同じ会計基準に準拠する場合ですら，企業ごと，国ごとに報告実務がかなり違っていることを指摘している。

単一セットの会計基準へ移行し，たとえこれらの基準が厳格に強制され実行されたとしても，報告と開示の実務の比較可能性を生み出すのに十分なものではない。報告インセンティブは，なおも企業ごと，産業ごと，取引所ごと，国ごと，政治体制ごとに，システマティックに異なる。財務報告におけるコンバージェンスは，企業の報告インセンティブを形作る他の要素におけるコンバージェンスがなければ可能性はない。さらに会計基準の役割は考えられているよりもはるかに限られたものであることを証拠は示している。会計基準は，実際の報告と開示の実務を形作る多くの要素のほんの一部にすぎない。[34]」

アメリカ型の会計論理と会計基準の世界統一化の動きのなかで，例えばアメリカときわめて対照的な会計制度を有したドイツに見られるように，国際化への対応の様々な努力がなされているが，[35] しかしそれでも，ドイツの会計制度は，英米諸国のシステムと比べると相当な開きがある。ドイツの会計基準のエンフォースメントのあり方と経営者の会計に対するインセンティブが変わったとは思われない。ホルトハウゼン（Robert W. Holthausen）は「国際的に一般的な会計基準は，財務諸表の質を決定するその他の要素が国々を通じて同じにならない限り，国際的に同じ財務報告の結果を導く可能性はない。」「たとえ一般的な会計基準が採用されたとしても，規制勢力は，経済の基本的な制度的特徴が同じにならないかぎり，国ごとにIFRSと違ったものを強いる可能性が高い。」基本的な制度的経済的要素が同じになるようなことは，「ありそうもない。」「たとえ会計基準が安定して保たれていても，市場とインセンティブの力はまったく強力なものであるため，財務報告結果は強く経営者や監査人のインセンティブ，会社の所有権の構造的性質，その他母国の市場と政治的な力，そして母国におけるエンフォースメントの程度に強く影響を受けることになる[36]」と述べている。

会計基準が概念フレームワークを背景にしてコンセプト・ベースの世界統一

第3章 会計理論の制度分析　　*105*

基準を設けたとしても，概念フレームワークに支えられた会計基準が，世界統一の質をもった財務報告を生み出すとは，考えられない。会計基準の施行にあたって，概念フレームワークがその道標になるとは言えない。したがって概念フレームワークは，そのことのレベルにのみで終わってしまう可能性がある。世界の経済制度，政治制度が，国家の枠を超えて一挙に急速に統一化されるという，いわゆる「グローバライゼーション津波論」は，現実の国際動向を示すものではない。世界はそれほどフラットではない。[37] 真の会計の国際化は，むしろこのような現実を理解することから始まる。

　世界統一の概念フレームワークは，アメリカ型の会計システムに関連して生まれたものであり，とりわけプロフェッショナル会計制度の権威付けに必要な制度装置として成立したものである。アメリカの会計制度に特化した概念フレームワークの論理は，アメリカと同じような会計システムの制度的仕組みをもつ国々に対しては，プロフェッショナル会計制度の権威付けに役立つが，そのような仕組みをとらない国々にとっては，その有用性は疑わしい。

　国際的に統一化された概念フレームワークと会計基準は，たとえ統一化の目的を達成しても，そのレベルにとどまり，それ以上は進まず，実際の会計情報の運用は，それとは別のそれぞれ異なったエンフォースメントの仕組みのもとで行われる。世界統一の概念フレームワークと会計基準を追求し，たとえ統一化がなされたとしても，サンダース（Shyam Sunder）が危惧する，世界統一言語の理想のもとに作られたエスペラント語と同じ運命をたどる可能性を否定することはできない。[38]

お わ り に

　会計基準がコンセプト・ベースのものになると，そのバックとなる概念フレームワークの論理が制度的に重要な意味をもってくる。IFRSによって取り組まれている概念フレームワークの論理は，コンセプト・ベースの会計基準を支える論理を設定しようとするものである。その論理は，プロフェッショナル

会計制度と重要な制度的関係をもって成立した会計の論理を，世界統一のものに格上げした。しかしその論理は，それぞれ異なったあり方をしている会計制度を統一化させるような働きはもっていない。しかも会計の理論や概念がそれぞれの国の会計システムと重要な関係をもって成立していることをまったく無視している。このことを無視し，さらに整合性と体系性を強めた概念フレームワークを設定しても，そのことによって，それが絶対的な権威をもった世界の教典として働かせるには無理がある。世界統一の概念フレームワークを設定しようとすればするほど，それは，単に理論レベルのことにとどまる可能性がある。会計の理論は，会計制度システムのポリティカルな要素と強く結びつき，制度的な性格を強くもったものである。このことを無視した，世界的普遍性をもった統一の論理の形成は，実効性のないものに終わる可能性がある。

---

(1) Ball, Ray, Ashok Robin, Joanna Schuang Wu, Incentives versus Standards: Properties of Accounting Income in Four East Asian Countries, *Journal of Accounting & Economics* 36(1-3), 2003, p.236.
(2) W・フレーリックス『現代の会計制度 第1巻商法編』大阪産業大学会計研究室訳，森山書店，1986年，1頁。(またフレーリックスの会計理論については，遠藤一久『正規の簿記の諸原則』(森山書店，1984年)を参照されたい。)
(3) 前掲書，68頁。
(4) 前掲書，67頁。
(5) 前掲書 71頁。
(6) ドイツの会計制度においては，学説(経営経済学)が立法解釈の権威の源泉となっており，そこでは「学説の法典化」の制度プロセスが成立していることについては，木下勝一『会計規準の形成』(森山書店，1990年)において詳細な分析がされている。
(7) Sterling, Robert R., *Theory of the Measurement of Enterprise Income*, The University Press of Kansas, 1968, p.36.(上野清貴訳『企業利益測定論』同文舘出版，1990，29頁。)
(8) *Ibid.*, p.63. (邦訳，52頁。)
(9) *Ibid.*, p.40. (邦訳，24頁。)
(10) *Ibid.*, p.44. (邦訳，36頁。)

(11) *Ibid.*, p.50.（邦訳，41頁。）
(12) Sterling, Robert R., *Toward a Science of Accounting*, Scholars Book Co., 1980, p.65.（塩原一郎訳『科学的会計の理論』，税務経理協会，1995，96頁。）
(13) *Ibid.*, p.18.（邦訳，25頁。）
(14) Sterling, Robert R., *Theory of the Measurement of Enterprise Income*, p.vii.（邦訳，7頁。）
(15) Leuz, Christian, and Jens Wüstemann, The Role of Accounting in the German Financial System, 2003, unpublished paper, p.4.
(16) Ibid., p.4.
(17) Ibid., p.4.
(18) Ball, Ray, S. P. Kothari, Ashok Robin, The Effect of International Institutional Factors on Properties of Accounting Earnings, *Journal of Accounting & Economics* 29 (1), 2000, p.3.
(19) Ball, Ray, Ashok Robin, Joannna Schuang Wu, op.cit., p.241.
(20) Leuz, Christian, and Jens Wüstemann, op.cit., p.10.
(21) Ibid., p.11.
(22) Ibid., p.11.
(23) Ibid., pp.11-12.
(24) Ibid., p.12.
(25) Zeff, Stephen A., *Forging Accounting Principles in Five Countries: A History and an Analysis of Trends*, Stipes Publishing Company, 1972, p.130.
(26) Ball, Ray, International Financial Reporting Standards (IFRS): Pros and Cons for Investors, Accounting and Business Research, International Accounting Policy Forum, 2006, p.18.
(27) Nelson, Mark W., Behavioral Evidence on the Effects of Principles-and Rules-based Standards, *Accounting Horizons* 17(1), 2003, p.91.
(28) FASB Proposal, Principle-Based Approach to U.S. Standard Setting, October 21, 2002, p.2.
(29) Benston George J., Michel Bromwich and Alfred Wagenhofer, Principles-Versus Rules-Based Accounting Standards: The FASB's Standard Setting Strategy, *Abacus* 42(2), 2006, p.183.
(30) Ibid., p.185.
(31) Ball, Ray, op.cit., p.16.
(32) Ibid., p.17.
(33) Ibid., p.17.

(34) Hail, Luzi, Christian Leuz, Peter Wysocki, Global Accounting Convergence and the Potential Adoption of IFRS by the U. S. (Part1) : Conceptual Underpinning and Economic Analysis, *Accouting Horizons* 24(3), 2010, p.360.
(35) ドイツの会計国際化に対する対応については,木下勝一『適用会計基準の選択行動』(森山書店,2004年),ならびに『会計規制と国家責任』(森山書店,2007年)において詳細な検討がなされている。
(36) Holthausen, Robert W., Accounting Standards, Financial Reporting Outcomes, and Enforcement, *Journal of Accounting Research* 47(2), 2009, pp. 447-449.
(37) パンカジ・ゲマワット『コークの味は国ごとに違うべきか』,望月 衛訳,文藝春秋,2009年,25頁。
(38) Fearnley, Stella and Shyam Sunder, Global Reporting Standards: the Esperanto of Accounting, accountancy magazine.com, 2006.

第4章
日本における会計判断の制度的性質

はじめに

　会計は判断の産物である。その判断は，それぞれの国の経済取引関係，契約関係，政治プロセスのもとで発揮される。したがって会計判断は，個人的な判断というのではなく，それぞれの国の会計制度，会計統制システムによる承認もしくは拘束を受けて成立する。会計判断を規定する会計制度，会計統制システムは，それぞれの国によって異なる。ドイツの会計制度が「正規の簿記の諸原則」の法規範のもとに成立し，強く法に傾斜した会計制度の運用がなされているのに対して，アメリカの会計制度が職業会計士のプロフェッショナルな判断に向けられた制度運用がなされている。これらの制度形態において，ドイツにおいては法規範に価値充填すべき学説と学者が会計統制上の権威をもち，アメリカにおいては会計判断のプラグマティックな能力を有する会計プロフェッションが権威をもつ。このようなドイツとアメリカと比べてみると日本はどうであろうか。日本の会計制度は行政統制を司るものが権威をもっている。本章は，ドイツとアメリカの会計制度の比較を念頭において，日本の会計制度の特徴を明らかにしようとするものである。特に日本における繰延税資産会計基準の形成過程に焦点をあてて検討する。

1. 会計判断と経営者インセンティブ

　財務諸表は，企業が取り結ぶ多様な経済関係に拘束されて作成され公表されるから，これらの経済関係に関わり，それらの規制を受けて成立する。したがって会計判断は，特定の経済関係のもとで，情報作成者の会計報告インセンティブに影響を受ける。

　経営者のインセンティブは，資本市場にあって，投資家による企業業績のモニターに対応して発揮されるであろうし，また，債務契約とか，経営者の報償契約において，効率の良い契約関係を維持するために，さらには税とか，公共料金，裁判訴訟，銀行規制などの政治的プロセスに対応して，発揮される。会計判断は，情報作成者が関わる経済的政治的関係のもとで発揮されるインセンティブに影響を受ける。

　会計判断のあり方は，会計が果たす制度的機能に関係して，ある一定の傾向が生まれる。一般的に言えることは，「大規模な企業は，小規模な企業よりも報告利益を縮小させるような会計選択をとる可能性が高い[1]」ことである。このような傾向について，ワッツとジマーマン（Ross L. Watts and Jerold L. Zimmerman）は，大規模企業の「経営者は税と政治的な，もしくは政治規制に対する配慮から，より小さい利益を報告する会計基準を選択するインセンティブをもち」，他方，「規模の小さい（すなわち低い政治的コストの），政府規制を受けていない企業においては，経営者は，もし経営報酬における予測される利得が予測される税効果よりも大きければ，より高い利益を報告する会計基準を選択するインセンティブをもつ[2]」としている。

　このような会計選択と会計判断は，単一の会計処理方法だけの採用によるのではなく，多様で広範な会計処理方法の組み合わせ，コンビネーションをもって行われる。ツミジェスキーとハンガーマン（Mark E. Zmijewsky and Robert L. Hangerman）は，企業経営者が「手続のポートフォリオ（procedure portfolio）」を組み，「代替的な一般に認められた会計原則（GAAP）の多様な取り合わせのコ

ンビネーション」[3]によって，最適な企業利益の計上戦略を採用している，としている。すなわち

「経営者による好ましい会計基準を目指したロビング活動や，好ましい会計選択活動といった意思決定に影響を及ぼす経済ファクターは，期間にわたって最適の純利益の報告を達成しようとすることであり，したがって組み合わされた会計方針を選択することである。本質的に経営者は，その企業について多元的利益戦略（multi-dimensional income strategy）を採用する。[4]」

このような経営者インセンティブのもとで発揮される会計判断は，私的な判断というよりも，経済的政治的関係のもとでの会計制度に支えられた判断である。それは制度的に承認を受けた判断としての性格をもつ。

2. 会計判断を正当化するシステム

(1) 会計制度の3つのタイプ

会計が判断に依拠した社会的システムであるとすれば，発揮される判断を社会的に承認する制度が必要になる。会計判断を社会的に正当化する会計制度システムとして，以下の二つのタイプのものをあげることができる。

第1. 法律上の規範命題に基づいて会計判断の適法性の認証を与えるシステム。
第2. プロフェッショナルとしての会計人による専門的な能力にもとづき，会計判断の適正性に合意を与えるシステム。

この二つのものに加えて，第3のタイプのものとして，法規範に傾斜するのでもなく，会計プロフェショナルの能力に傾斜するものでない，強いて言うならば，行政府エリートが決めた実行指針に基づき画一的な会計判断を求めるシ

ステムをあげることができよう。

　第1のシステムは典型的にドイツに見られるものであり，第2のシステムはアメリカに見られる。第3のシステムと考えられるものとして，日本をイメージしている。会計判断を正当化する制度システムとして，いずれの形態が支配的となるかは，それぞれの国の統治のあり方との関係で異なってくる

(2) ドイツ会計制度

　法律の規範を演繹して会計判断の適法性を認証しようとする会計制度システムは，典型的にはドイツに見られる。ドイツ商法典（第38条）は，「すべての商人は帳簿を記帳し，かつ，その帳簿上に自己の取引および財産状態を正規の簿記の諸原則にしたがって明瞭に記載する義務を負う」と規定している。この成文法の要請にもとづいて，会計処理の正当性（合法性）が認証されるのである。商法典上の正規の簿記の諸原則そのものについては，成文法上，具体的に規定されているわけではなく，「不確定の法概念」とされ，その文言についての解釈は会計学説（経営経済学）に委ねられている。会計理論は，成文法規範に解釈を与えるものとして，成文法に関わった制度的位置を与えられている。したがってドイツにおいては，会計判断の正当性（合法性）は，正規の簿記の諸原則を解釈する会計学説にもとづく，ということになる。すなわち学者の学説が制度的な役割を担わされているのである。

　ドイツ会計制度の特徴的なあり方は，会計の国際化に対する対応においても見出される。ドイツは，1998年に「資本調達容易化法（Kapitalaufnahmeerleichterungsgesetz）」と「企業領域統制透明化法（Gesetz zur Kontrolle und Transparenz im Unternehmensbereich）」を制定するとともに，ドイツ商法典第342条による「私的会計委員会」の規定を設け，「ドイツ会計基準委員会（Deutsches Rechnungslegungs Standards Committee：DRSC）」を創設した。商法典は，ドイツ会計基準委員会の任務として以下の3つを規定している。

　「①連結会計原則の適用に関する勧告の開発

②連邦法務省への立法行為に対する助言

③国際的な基準設定機関におけるドイツを代表」

ドイツにあっては，私的な会計基準委員会といえども法律によって位置づけされなければならない。それは単なるプライベートセクターではない。木下勝一は，「ドイツ会計基準委員会の創設が単純に投資家保護の市場規制のためのプライベートセクターの会計基準設定方式への転換であると捉えることは正鵠を得ておらず，むしろ立法愛国主義（Gesetzgebungspatoritismus），つまり，ドイツの伝統的な商法会計規範システムの枠組みのなかで位置づけることが肝要であるとされていた[5]」と，ドイツにおける事情を説明している。

(3) アメリカ会計制度

会計プロフェッショナルの職業上の専門的な能力によって個別企業の会計判断の正当性（適正性）を承認する制度的な仕組みを作り出しているのはアメリカ合衆国である。アメリカ会計制度の特徴として，加藤盛弘は以下の3点をあげている。

「①会計原則の設定を会計プロフェッションにゆだね，かつ法として規定しないこと。

②会計原則が一般目的会計原則として機能すること。

③詳細で画一的な規定を避け，会計士の判断行使を必然とする『幅広い会計原則』の考え方を基礎にもつこと[6]。」

アメリカにおいては，会社法も税法も公益事業関係法も，それ自体，会計そのものを詳細に規定しようとはしない。証券法のもとで証券市場に株式を上場する会社の会計処理を規制する法的権限を持つ証券取引委員会（SEC）も，上場会社の会計処理について「有力な権威の支持（substantial authoritative support）」のある会計原則に基づくことを要請しているが，そのような会計原則を制定するようなことはしていない。アメリカにおいては，個別企業の会計手続について「一般的承認可能性」が判断されることによって適正性が承認さ

れる。財務諸表の一般的承認可能性については,職業会計士の職業的専門的な能力をもって承認される。職業会計士が一般的承認可能性の判断を下す規準となるのが「一般に認められた会計原則(GAAP)」である。「一般に認められた会計原則(GAAP)」の存在が想定され,その内容については会計のプロフェッショナルな団体が中心になって公式化を行う。このような職業上の判断規準としての会計基準は,それ自体,特別の使途目的を指定したものではなく,「一般目的(general purpose)」のものとされる。

そして会計基準は,個々の事例ごとに適用されるための会計士の判断規準となるものであるから,画一的に定めてはならず,「幅広い(broad)」ものとして設定され,杓子定規に判断を拘束するものであってはならないとした。このもとで,1930年代の会計手続委員会(Committee on Accounting Procedures)に始まり,後に会計原則審議会(Accounting Principle Board:APB),財務会計基準審議会(Financial Accounting Standards Board:FASB)と受け継がれて会計基準が設定されてきた。近年,アメリカの会計基準が「ルール・ベース」の傾向を強め「プリンシプル・ベース」のものではないと指摘されることが多い。確かに会計基準は詳細なガイダンスを設ける傾向が生まれているが,それでもアメリカの会計制度の全体を特徴づけるものは,「幅広い」会計基準を設定しようとするものである。この点をバル(Ray Ball)は,以下のように指摘している。

> 「合衆国において財務報告が評価される基準は,コモン・ロー(すなわち合衆国において適用にあたっての一般に認められている報告の基準)の実質要素を有する。ここから言えることは,合衆国は,一般に思われているのと違って,事実上,『プリンシプル・ベース』の会計システムを機能させている。[7]」

このようにアメリカにおいては,「職業会計人及びその集団がプロフェッションとしての専門性と権威によって,会計原則を設定し,解釈し,その作業を会計固有の専門的な事柄として維持しつづける[8]」制度形態が成立している。

アメリカの会計制度の特徴は,「会計プロフェッションの専門性と職業的創造性と規律性に権威の運用の基礎をおく」[9]形態をとった「プロフェッショナル会計制度」[10]であるところに見られる。

(4) 日本の会計制度

以上のドイツとアメリカの会計制度と比べると,日本の会計制度はきわめて対照的である。

日本の場合は,会社法と金融商品取引法,法人税が会計を規制している。そのもとで,企業会計原則が旧大蔵省(現金融庁)内の企業会計審議会によって設定されてきた。企業会計原則の役割についても,その一つとして「商法の計算規定の解釈指針」となることが期待されていた。このように日本の会計制度は,ドイツと同じようにきわめて法に傾斜した会計制度の仕組みをとっている。日本の法システムは,ドイツと同じくコード・ロー(成文法)として分類されることが多いが,会計制度の形式も,コード・ロー的と言える。

しかし日本の会計制度は,ドイツ会計のように成文法上の規範原理を演繹して会計問題を解決するといった制度形態とはなっていない。成文法の規範に対して会計学説が価値充填するための論理を設定するようなことは,日本においては行われていない。ドイツ会計の特徴である「学説の法典化」の傾向など見られない。また日本の会計学者は,商法典に価値充填する権威を与えられていない。

現代では,会計国際化に対応するため,ドイツにおいては,連結会計の基準設定を行う私的な「会計基準委員会(DRSC)」が1998年に創設された。ドイツにあって特徴的なのは,それがたとえ私的な機関であっても商法典による法的な位置づけなしに済ますことが出来ないことである。法的な位置づけをもたない会計基準設定の機関は,ドイツではあり得ない。

これに対して同じように会計の国際化に対応するために,日本では「企業会計基準委員会(ASBJ)」が2001年に創設されたが,この私的機関については,

法的に正式な位置づけが与えられていない。法的な位置づけがなくとも、ドイツの「会計基準委員会（DRSC）」と同じような事業を行っている。日本では、法的位置づけのない会計基準設定の機関も、存在しうる。この点からしても、日本はコード・ローの国と言われながら、会計制度の形態と運用の実態においては、ドイツのあり方と大きな違いがあると言わざるをえない。

また日本においては会計士の職業制度が成立し、この点ではアメリカの会計制度に似ている。しかし、これがアメリカにおけるようなプロフェッショナルとしての制度的な役割を想定したものであるかと言えば、これもあやしい。会計基準の形成がコモン・ロー的に、普通の認められたプラクティスを、職業会計人のプロフェッショナルの判断規準として、公式化しているとは言えない。会計基準がアメリカで言う「一般に認められた会計原則（GAAP）」のように、会計プロフェッションの判断規準として公式化したものであるかと言えば、そのようになっていない

日本の会計制度は、法解釈学としての会計学説の権威でもない、職業会計士のプロフェッショナルな職業上の権威でもない、権威の所在を追求すると、極めてとらえどころのない制度となっている。日本会計制度の特徴を示すものとして、ここでは、とりあえずの仮定をおくことにする。日本の会計制度の特徴は、行政府エリートの判断に権威をおく「行政規制会計制度システム」にあると。

3. 行政規制会計制度モデル

日本においては、伝統的に政府主導のもとで産業化を達成しようとしてきた。先進国にキャッチアップするために、行政機構が指導性を発揮して、産業と金融の政策をたて、組織、人、金といった、あらゆる資源を動員する体制をもって経済運営を行うシステムを作り上げてきた。

日本のあらゆる制度システムは、このような経済運営を作動させるために、行政官僚の優れた能力をもって、欧米の制度モデルを日本に移植し日本的に改

良して作り上げたものである。日本の会計制度は,ドイツ的モデルとアメリカ的モデルが混在した複雑な形をとっているが,そこで見られる傾向は,法解釈学としての会計学説の権威でもなく,職業会計士のプロフェッショナルな職業上の権威でもない,強いて言えば行政府エリートの判断と行政ルールの権威にもとづいた制度運用がされている。このような行政規制会計制度システムには,どのような特徴が見られるか。

その特徴としてあげられるのは,会計基準が,政界,財界,官僚とのトライアングル体制を背景として形成される傾向があること,そのために時々の経済政策と結びつきやすい性質をもっていることである。このような特徴的な傾向は,常に,顕在化しているわけでなく,暗黙の根強い傾向として,潜在的に日本の会計基準を規定しているものと思われる。

行政府による会計ルールの形成は,経済政策上の配慮と産業界の意向を汲み取って行われる。浜本道正は,「わが国の会計ルールは,政府部門と企業部門との間で独特のスタイルをもった相互作用を通じて形成される[11]」と指摘している。その一例としてあげるのが,1974年に収益認識基準が「積切基準」から「航海完了基準」へと変更されたケースである。このような従来,貨物積載本船出帆時をもって収益計上していたのが,航海完了時まで遅らせる会計ルールへ変更されたが,この会計ルールの変更は,海運業と運輸省,国税庁との相互協力,三角体制をもって行われたとしている。

「海運業界には,リーディング・カンパニーである日本郵船の経理担当者を中心とする『啓水界』と呼ばれる組織があって—それは業界団体のいわば会計版ともいうべきものであるが—,これが昭和19年の設立以来,活発な研究・普及活動,さらにはいわゆるロビング活動を展開している。上述した収益計上基準の変更に際して,この団体が監督官庁である運輸省に働きかけた結果,『航海完了基準』への変更を正当化する行政指導—『利子補給対象会社の経理基準について』という海運局長通達に示される—が発せられた。しかもこの行政指導を一つの契機として,国税庁のサイドも『法人税基本通達』を改正して,利益の繰延効果をもつ完了基準を承認するに至るのである。[12]」

このような「業界団体・監督官庁・税務当局のいわば『トライアングル体制』によるルール形成[13]」は，海運業だけに限られない，他の産業分野にも見られる。例えば旧大蔵省銀行局長通達として出された統一経理基準（1998年に廃止，現在は全国銀行協会の通達に引き継がれている）においても，建設業における建設工業経営研究会及び建設上場経理研究会と建設省・中央建設審議会との密接な関係においても，さらには個別の産業を超えて経団連経理研究会と日本租税研究会においても，会計ルールの形成に対して大きな影響を及ぼしてきた。企業会計基準審議会による会計基準設定の背景には，このような政治と行政による会計統制が基底にあると考えられる。例えば，外貨換算会計基準（1979年）は，官（大蔵省），財（経団連），民（日本公認会計士協会）の「挙国一致構造が明示的に展開された[14]」事例としてあげられている。

このような会計基準設定のあり方は，会計の国際化が進行している今日では，すでに過去のことと思われるかも知れない。しかし事実はそれに反して，会計基準設定において現在でもなお色濃く行政府エリートの判断が反映されている。例えば，国際会計基準（IFRS）に対する日本の対応を見ても，「金融庁による一連の動きがアドプションを進める契機を作った[15]」とされるほどに，行政によるイニシャティブは強い。行政規制会計制度システムは，堅固に存続している，と見なければならない。

その具体的例として，繰延税資産の会計基準の設定（1998年）をあげることが出来る。

4. 繰延税資産の会計基準と行政規制会計制度システム

(1) 銀行救済の金融政策に従属した日本税効果会計基準

スキナー（Douglas J. Skinner）は，日本における繰延税資産会計基準の形成を扱った論文において，きわめて鮮明に日本の行政規制会計制度システムの特徴を明らかにしている。この論文に依拠して，繰延税資産会計における行政規

制会計制度システムの特質を見ていくことにしよう。

　繰延税資産の認識は，税効果会計の適用によって生じる。税効果会計とは，会計上，税務上の支払税を計上するのでなく，会計上の税引前利益に対応した税費用を計上し，税務上の支払税額と会計上の税費用額との差を，繰延税資産（税務上の支払税額＞会計上の税費用額の場合）もしくは繰延税負債（税務上の支払税額＜会計上の税費用額の場合）として計上し，調整する会計手続きのことである。税務上の損金と益金と会計上の費用と収益に相違があり，その違いが一時的に生まれる差異であり，全体の期間を通じてみれば差異が解消する場合に，税効果会計は適用される。日本における税効果会計基準の設定は，「財務諸表の適正表示」あるいは「国際会計基準の導入」の喧伝のもとに行われた。しかし日本における税効果会計基準の導入は，喧伝されたものとは全く違う実態を示している。

　日本における税効果会計基準は，1990年代末の金融危機のもと，銀行における債務超過の危険，自己資本比率の低下の傾向が進むなか，政治家や行政規制者によって，破綻の先延ばし策の一環として，その設定が推進された。行政府の統制者は，もっぱら繰延税資産の拡大化を狙い，規制対象銀行の自己資本を引き上げることに注意を注ぎ，税効果会計基準をこの政策目的の実現のための手段にしようとした。そこでは「規制と政治の要素が，銀行規制者と経営者に対して，その行政目的を達成するために税効果会計ルールを実行するインセンティブを提供した。」[16]「政治家と規制者は，繰延税資産を危機処理の方法として活用することを正当なものとした。政治家と規制者は，実際の財務会計報告実務に会計ルールが作用を及ぼすそのあり方に強い影響強力を発揮した」[17]のである。繰延税資産会計の基準設定は，日本の行政規制会計制度システムの特徴をあらわにして進められた。

　スキナーは，繰延資産の会計基準形成のプロセスを以下のように説明している。

　「日本における繰延税会計システムの導入のタイミングと事情は，規制上の先延

ばし用具（a tool of regulatory forbearance）としてそれを活用することと整合していた。繰延税会計ルールは1998年，すなわち銀行の自己資本源泉が枯渇していた時に導入された。そのルールは日本の会計ルールが大蔵省の審議会によって設定されていた時期に導入され，それは繰延税を会社貸借対照表に新しく含める会社法の変更を伴って公表された。そして最初の公開草案の公表と最終決定との間の期間がわずか4ヶ月という迅速さをもって導入されたものである。おそらく最も重要なのは，大蔵省の規制者によって，繰延税資産を銀行の自己資本へ組み入れてもよいとする決定が税効果会計ルールに添えられていたことである。この決定はユニークなものである—というのは他の国の銀行規制者は，繰延税資産を規制対象の資本に計上させないか，厳しい上限を課すかしているからである。税効果会計ルールは，ほとんどすべての日本の銀行によって即時に（要請されるよりも早く前倒しして）採用された。あまりにも迅速なルールの設定であったために，新ルールに伴う会計と監査のガイダンスがほとんどなく，このことが銀行の繰延税資産の合理性に対する監査人の検証を困難なものにした。1998年に最初に計上された時，日本の主要銀行のネットの繰延税資産は総額6.6兆円，株式資本の約28%であった。日本の主要銀行のすべては，会計上の変更がなければ最小限の資本レベル以下になっていたであろう。これらの繰延税資産の計上によって，政府は，これらの銀行が健全であると印象づけ，7.5兆円の新資本投入の決定を合理化するのに役立てた。[18]」

(2) 繰延税資産会計実務の実態

税効果会計基準のもと，日本のほとんどの銀行は繰延税資産を財務諸表に計上するようになった。日本の銀行は，多額の繰延税資産を計上する傾向にあった。1998年度の86銀行の純繰延税資産の資本合計に占める割合は33.9パーセントを占めている。今，代表的な銀行6行について見ると，図表4-1のとおりである。

日本の銀行は，繰延税資産の額が繰延税負債の額をはるかに上回って計上される傾向にある。日本の繰延税資産は，主に会計上の貸倒引当金繰入費用額と税法上の損金認定額との相違が原因となって生まれたものである。86行の繰延税資産の平均（1986年）は102,653兆円となっているが，繰延税負債は804

図表4-1 日本の銀行6行（みずほ，東京三菱，UFJ，三井住友，りそな）の資本合計と繰延税資産の変化

単位：兆円

	1993	1994	1995	1996	1997	1998	1999	2000	2001	2002	2003
資本合計(a)	21657	21443	17725	18122	13559	22837	23895	24159	18007	13007	16759
繰延税資産(b)	0	0	0	0	0	6648	5731	5279	7997	7848	5493
(b)/(a)%						0.29	0.24	0.22	0.44	0.60	0.33

出所）Skinner, Douglas J., The Rise of Deferred Tax Assets in Japan: The Role of Deferred Tax Accounting in the Japanese Banking Crisis, *Journal of Accounting and Economics* 46(2-3), 2008, p.236 より作成。

兆円にすぎない。繰延税の資産がその負債の128倍となっている。

　繰延税資産は，会計上の税費用が税額を上回って計上され，「税の前払い」に相当する資産として計上される。繰延税負債は「税の未払い」に相当する負債額を計上する。したがって，繰延税資産額が繰延税負債額を上回った分が多ければ，この部分が将来，税額として実現する見込みがあるかどうか，その可能性が問題となる。FASBの会計基準においては，繰延税資産のうち将来実現しない可能性が50パーセントを超える場合（FASB基準書はその可能性について"more likely than not"の表現を用いている），「評価引当金」を設定することを要請している。この基準からすれば，日本の銀行の繰延税資産の多さからして相当の評価引当金が設定されてもおかしくない。しかし実態はそうではなかった。評価引当金をゼロか，もしくはほとんど計上しないという，きわめて異常な実態となっていた。

　繰延税資産の将来の実現可能性は，将来，稼得される利益の見込みと，税支払の可能性にもとづいて，評価される。日本の銀行は，過去3カ年で46パーセントの銀行が欠損を報告していることからも明らかなように，貧弱な利益稼得力しか見せていなかった。このような状態は，将来も継続すると考えられ，奇跡的な回復と成長の見込みがないかぎり，繰延税資産の実現可能性はないという状態であった。

　スキナーは，1998年に銀行によって計上された純繰延税資産の額から次年

度以降の5年間に計上されるべき必要最小課税所得額を独自の推計にもとづいて算定した（調査対象70行）。その結果，1998年に計上された繰延税資産をベースにすれば，次年度以降5年間（1999年から2003年）に稼得されるべき資産利益率（ROA）は，平均で1.89パーセントとなるとした。繰延税資産の規模から想定された，将来の稼得されるべき資産利益率は，過去3年間の銀行業績と比べても高い数値となっている。これに対して，実際に銀行が稼得した5年間の実績を見ると，資産利益率はマイナス0.15である。70行のうち半分ほどが欠損を計上する状態であった。この結果から，「銀行経営者による利益予測は組織的にあまりにも楽観的（systematically too optimistic）であった[19]」ということになる。

　スキナーは，調査データから，日本の「銀行は，一般に，ほとんど繰延税負債もしくは評価引当金を計上していない[20]」としている。これに対してアメリカの銀行は，繰延税資産の60から70パーセントに相当する繰延税負債を計上し，そのために「合衆国銀行の繰延税資産に対する繰延税負債の高い比率は，繰延税資産の実現可能性を高め，評価引当金の必要性を減じている[21]」とする。ある調査によれば，調査対象のアメリカの銀行の39パーセントが繰延税資産の11パーセントに相当する評価引当金を計上しているのに対して，日本では調査対象の20％（8行）のみが平均して繰延税資産のわずか3パーセントの評価引当金を計上するといった実態を報告している。なぜ日本の銀行は評価引当金をまったく計上しないか計上してもわずかな額しか計上しないのであろうか。

　日本の銀行が評価引当金をほとんど計上しないのは，少しでも銀行の規制上の自己資本を増額させようとする銀行経営者の意図と，そして何よりもこのことを行政規制者が容認したからに外ならない。

　銀行業は，国際的な協定（BIS）のもと，8パーセントの水準の資本を維持しなければ，国際的な銀行業務から撤退しなければならない。日本の銀行が自己資本比率を下げるなか，これを引き上げるため，「会計ルールの変更」という「比較的低コストの解決策[22]」をもって，規制統制者は，繰延税資産を銀行規

制上の資本(「Tier 1 資本」)に組み入れることを容認した。このもとで日本のすべての銀行は,税効果会計を採用して,こぞって繰延税資産を計上した。このような会計基準なくして,8パーセントの自己資本水準を維持することは出来なかったであろう。しかし,このような日本における繰延税資産計上は,国際的な会計実務からすれば逸脱したものであった。なぜなら世界の多くの国の銀行規制者は,繰延税資産を銀行規制資本(「Tier 1 資本」)からすべて,もしくはほとんどを除外する実務を採用していたからである。「銀行監督バーゼル委員会(Basel Committee on Banking Supervision)」も,2000年のレポートにて,繰延税資産とのれんを含む無形資産について,資本への組入れについては「保守主義的な」修正を施すよう求めている。[23] このような世界の趨勢からすれば,繰延税資産を出来るだけ多く計上し,評価引当金はほとんど計上しない,という日本の会計実務の実態は,国際的な会計実務水準からすれば逸脱した特異なものであった。スキナーは,日本の税効果会計実務の異質性について,以下のように指摘している。

「私が報告した証拠は,なぜ会計ルールの変更が財務報告実務を変更させるに十分なものではないか,このことを明らかにしている。日本はIFRSのルール(IAS-12)にもとづき同じような繰延税会計を採用したが,日本のルールの効果は,財務的困難の明確な証拠があるにもかかわらず,多額の純繰延税資産を銀行が計上したことからして,まったく異なるものであった。この結果は,世界中にIFRSが普及し会計実務の標準化が進む傾向にあると信じる人たちに対して,そのような考えを止めて見直すべきことを示している。[24]」

(3) 日本の税効果会計基準の特徴

日本の企業会計は,国際的に見ても遜色のないものとされ,そのことが度々宣言されている。しかしそれにも関わらず,日本の企業会計は,特にアメリカのものと異なる。どこが違うかと言えば,会計基準が,会計プロフェッションの判断に集中するような構成がとられていない点をあげることが出来る。その

構成は行政的ルールの特徴を濃厚に示し、会計判断が用いられるべき環境、条件に言及することがない。

例えば、繰税効果会計基準について最も判断が求められる評価引当金の部面について、日本の基準は「繰延税資産については、将来の回収見込みについて毎期見直しを行わなければならない」[25]とし、この短い文言に関連して、以下の脚注を添えている。

「繰延税資産は、将来減算一時差異が解消される時に課税所得を減少させ、税金負担額を軽減することが出来ると認められる範囲内で計上するものとし、その範囲を超える額については控除しなければならない。」[26]

この文言においては、繰延税資産の将来の実現について判断を下す条件、環境、目安については、一切触れていない。会計基準自体のなかに、判断にかかわる規準の包括規定が設けられていない。繰延税資産の将来の実現（回収）可能性についての取扱いは、日本公認会計士協会によっていわゆる「実務指針」として1999年に設定されている。そこでは、繰延税資産の実現（回収）可能性を認定する手順が詳細に記されている。日本の会計基準において、繰延税資産の実現（回収）可能性は、会計基準の判断規準ではなく、監査手続上の「実務指針」、「手順」として扱われている。日本の税効果会計基準においては短文でのルール設定が行なわれ、判断規準の設定は回避され、あとは、行政的ルールの施行を請け負う会計士の団体による詳細なルール作りに任せる。このようなプロセスは、日本の会計基準設定の特徴とも言える。

アメリカのFASBによる税効果会計の基準（SFAS109）は、繰延税資産に対する評価引当金を設定する条件について多くの紙面をさいて議論している。評価引当金については、以下のような一般原則を掲げている。

「利用できる証拠にもとづいて、繰延税資産が実現しない可能性がないよりあり得る（more likely than not）（50パーセント超の可能性の）場合、評価引当金によって繰延税資産を減額する。評価引当金は、実現しない可能性がないよりもあ

り得る (more likely than not) 金額まで繰延税資産を減額するに十分なものでなければならない。[27]」

　FASBの税効果会計の会計基準は，評価引当金についての判断の適用環境，条件について詳細に記述している。その記述の形式は，行政的手続の指針とは違い，あくまで会計プロフェッションの判断に向けられたものである。評価引当金の設定の判断規準として設定された「可能性がないよりあり得る (more likely than not)」にしても，評価引当金認識の境界域を，従来の例えば偶発負債の認識規準として用いられていた「プロバブル (probable)」よりも比較的に低い水準に抑える意味をもたせたものであるという。「プロバブル」には50パーセントを超える高い可能性 (a probability higher than 50％) の意味が含まれているが，「more likely than not」は，50パーセントをやや超える (a likelihood of more than 50％) の意味が含まれている。したがって評価引当金は，「probable」の場合よりも「more likely than not」の方が多く計上されるものとなる。可能性に関する判断規準について，「probable」と区別された「more likely than not」を求めるその基準設定のあり方に，職業会計士のプロフェッショナルな判断を制度的に想定しているアメリカ会計基準の特性をみることができる。

　日本における行政規制会計システムのもとにおいては，少なくとも1990年以前においては，会計上の判断事項の多くは，行政規制によって画一的に規定される傾向が強かった。例えば，貸倒引当金の設定可能範囲を業種ごとに貸金に対するパーセントを決めるとか（法人税法施行例第97条），退職給与引当金の設定範囲を全従業員が今期退職すると仮定した場合に支払われる退職金の40パーセントとするとか（法人税法施行例第106条），会計判断領域に行政規制が介入する傾向は普通のことであった。

　行政規制ルールは，白黒はっきりと区別する規則を設けようとする。そこでは公認会計士が独立の規準をもって判断する傾向はきわめて希薄であったと言わなければならない。しかも対応と配分の近代会計の論理は，対応と配分の手

続を画一的に規定しやすい素地をもっていた。無数に存在しうる対応と配分の方式があるなかから，特定の方式を承認するには，強い権威が必要になる。このように行政上の権威を受けやすい素地を，対応と配分の会計基準はもっていた。行政規制会計システムにおいては，職業会計士の専門的な判断よりも行政統制上の判断の方が勝っており，行政統制の権威のもとで対応と配分の会計基準は機能したと言える。

　このような伝統的行政規制会計制度システムにおいては，白黒を区別する画一的な基準の設定に慣れて，例えば，「probable」，「more likely than not」，「possible」，「remote」といった可能性の程度にもとづいた会計認識の判断規準を設定することなど，考えにくい状況にあったのではないだろうか。しかも現代の会計は「認識」の会計論理によって，経済的資源とその資源に対する請求権の評価を求める会計基準を設定するようになっている。そこでは広い範囲の判断領域が成立し，会計認識も，「probable」，「more likely than not」，「possible」，「remote」といった可能性の程度を問題にする基準が増大している。繰延税資産の会計基準は，その一つの例である。日本の繰延税資産の会計基準は，アメリカのFASB会計基準が設定したような判断規準を設けることがなかった。しかも日本公認会計士協会による「実務指針」と「手順」も，プロフェッショナルな判断の区分規準となっているかどうか疑問である。可能性の程度についての判断区分は，行政規制会計制度システムに慣れた制度状態からして，きわめて難しいことであったと言わなければならない。結局，行政規制的傾向をもつ繰延税資産の会計基準に対して，行政ルール的傾向を強くもった「実務指針」と「手順」を設けて行政の下請的役割を果たすことになった。

　しかもこれらの「実務指針」と「手順」は，スキナーが指摘する会計実務実態，すなわち「(1) 銀行は総資産と株式持分に比べて多額の総繰延税資産を認識し，(2) 評価引当金をほとんど記録せず多額の純繰延税資産を計上し，(3) ほとんどが利益を稼得せず，しても数期間のみであり，(4) 主要銀行は地方銀行よりも低い利益率にもかかわらず巨額の純繰延税資産を計上した」[26]，この実態を何ら問題とすることはなかった。したがって公認会計士協会の「実務指

針」と「手順」は，日本的な税効果会計基準を支え，それが機能したところは，「規制者と政治家が銀行の経済問題の深刻さにマスクをかけるのを認め，会計が日本の金融危機を引き延ばしするのに役立たせた」[29]ことにあったと言えよう。

おわりに

日本の会計システムを，ドイツとアメリカの会計制度と比較した上で，行政規制会計システムとして特徴づけ，そのことを繰延資産の会計基準設定のプロセスから検討してきた。今日，会計の国際化が進展して，会計基準と会計概念フレームワークの世界レベルの統一化が急速に進んでいる。しかし会計基準と概念フレームワークがいくら世界統一のものとなっても，会計情報の質は，それぞれの国の会計制度システム，会計判断の性格，会計報告に対する経営者のインセンティブが異なるかぎり，簡単に統一化されるとは思われない。むしろ国ごとに違う会計制度のあり方の違いを意識してこそ，会計国際化の問題に向かうことが出来る。

---

(1) Watts, Ross L. and Jerold L. Zimmerman, Positive Accounting Theory: A Ten Year Perspective, *The Accounting Review* 65(1), 1990, p.138.
(2) Watts, Ross L. and Jerold L. Zimmerman, Towards a Positive Theory of the Determination of Accounting Standards, *The Accounting Review* 53(1), 1978, p.118.
(3) Zmijewsky, Mark E. and Robert L. Hagerman, An Income Strategy Approach to the Positive Theory of Accounting Standard Setting/Choice, *Journal of Accounting and Economics* 3(2), 1981, p.629.
(4) Ibid., p.629.
(5) 木下勝一『会計規制と国家責任』森山書店，2007年，71頁。
(6) 加藤盛弘『一般に認められた会計原則』森山書店，1995年，13-14頁。
(7) Ray Ball, Market and Political/Regulatory Perspectives on the Recent Accounting Scandals, *Journal of Accounting Research* 47(2), 2009, p.301.

(8) 加藤盛弘　前掲書，23頁。
(9) 前掲書，82頁。
(10) 前掲書，17頁。
(11) 浜本道正「日本型会計システムの特質とその成立基盤」『會計』第147巻第4号，1995年，11頁。
(12) 前掲論文，11-12頁。
(13) 前掲論文，11頁。
(14) 山地秀俊，鈴木一水，梶原晃，松本祥尚著，『日本的企業会計の形成過程』中央経済社，1994年，109頁。
(15) 李　善馥「日本における会計基準設定メカニズムの変革」『産業経営研究』第32号，2010年，13頁。
(16) Skinner, Douglas J., The Rise of Deferred Tax Assets in Japan: The Role of Deferred Tax Accounting in the Japanese Banking Crisis, *Journal of Accounting and Economics* 46(2-3), 2008, p.220.
(17) Ibid., p.238.
(18) Ibid., p.219.
(19) Ibid., p.230.
(20) Ibid., p.228.
(21) Ibid., P.228.
(22) Ibid., p.223.
(23) Basel Committee on Banking Supervision, Report to G7 Finance Ministers and Central Bank Governors on International Accounting Standards, 2000, p.12.
(24) Skinner, Douglas J., op.cit., p.220.
(25) 企業会計審議会，「税効果会計に係る会計基準」2-1，1998年。
(26) 同，「税効果会計に係る会計基準注解」5，1998年。
(27) FASB, SFAS No.109, *Accounting for Income Taxes*, 2008, para. 17-e.
(28) Skinner, Douglas J., op.cit., p.229.
(29) Ibid., p.219.

第5章
会計概念としての公正価値

はじめに

　財務会計基準審議会（Financial Accounting Standards Board：FASB）と国際会計審議会（International Accounting Standards Board：IASB）は，会計基準の設定において歴史的原価から離れて公正価値へ転換する傾向を強めている。このような現代会計の動向は，なぜ生まれたのか，どのような意味をもっているのであろうか。

　「公正価値（fair value）」の概念は，もともと会計基準において今日ほど重要な意味をもって存在していなかった。公正価値なる用語自体，19世紀末の公益事業料金設定をめぐる訴訟，裁判において生まれたものであり，「アンフェアー（unfair）」に対抗する「フェアー（fair）」な料金をめぐって成立した法律上の概念であった。[1] そこでの公正価値とは「市場の知識を有した意思ある売り手と買い手との間で強制のない状態で資産を交換するところの価値である」[2] とされていた。それから100年余りした後の2006年，FASBは，公正価値測定の会計基準（SFASNo.157）を設定した。FASB会計基準は，公正価値という，古くから成立していた法概念と同じ用語を採用しているが，その内容は決定的に違っている。古くから成立している法概念としての公正価値は，「アンフェアー」に対抗する「フェアー」の法概念を設定したものであるが，他方，FASBによる公正価値にはそのような意味はない。それは「市場参照（mark-to-market)」,「モデル参照 (mark-to-model)」,「予測参照 (mark-to-estimate)」のそれぞれ異なった関係性のない評価方法を,「公正 (fair)」という名をかぶせて一緒にするために取られた会計概念である。[3]

会計概念としての公正価値は,「アンフェアー」と「フェアー」の境界を決める規準とはなっていない。FASB による公正価値は,評価を市場価値（価格）のみに限定させることなく,多くの検証不能な見積もり評価の方法を会計基準に組み込ませるためにとられた制度概念である。本章の課題は,会計概念としての公正価値の性質を明らかにすることである。

1. 公正価値の会計概念

FASB 財務会計基準 (SFAS No.157) は,公正価値を以下のように定義している。

「公正価値とは市場参加者の間での通常の取引における資産の売却もしくは負債の返済に際して受け払いされる価格である。[4]」

この定義は,公正価値を市場価値とする含意をもっている点で百年来の公正価値の法概念と同じように見える。しかし市場価値の含意をもって設定されたFASB の公正価値は,そのなかに市場価値の意味とは離れた評価方法をあえて市場価値に準ずるものとして包含させており,この点が1世紀前の法概念と異なる。

図表5-1にあるように,FASB は,「公正価値ヒエラルキー」のもと,公正価値測定のテクニックに対するインプットが観察可能か否かによって,3つのレベルを設定している。レベル1は,「活発な市場で成立する上場市場価格」であり,評価にあたって観察可能なインプットをもつ。レベル2は,レベル1のような市価のない資産と負債について,それと同じような他の資産と負債の市価を参考にし,これを観察可能なインプットとする。レベル3は,将来予測

を前提とした評価テクニック，例えば割引キャッシュ・フロー・モデルやブラック・ショールズ・モデルなどを用いるもので，観察不能のインプットをもって評価するものである。このレベル3の観察不能なインプットは，FASBによって全面的に取り入れられたものである。FASBは，レベル3のものを市場価値に準ずるものとして，これを公正価値の概念に組み入れた。

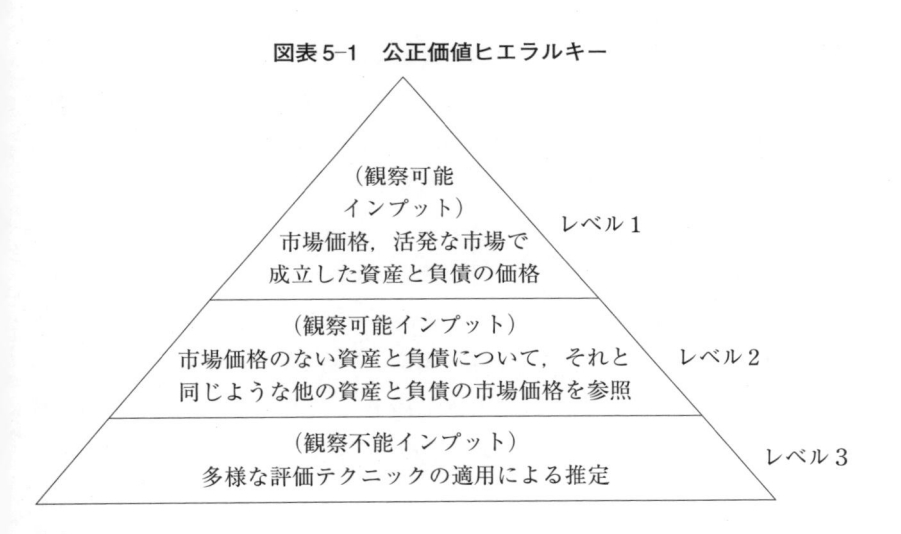

図表5-1　公正価値ヒエラルキー

```
                    （観察可能
                     インプット）
              市場価格，活発な市場で          レベル1
              成立した資産と負債の価格
           （観察可能インプット）
        市場価格のない資産と負債について，それと    レベル2
        同じような他の資産と負債の市場価格を参照
       （観察不能インプット）
     多様な評価テクニックの適用による推定        レベル3
```

　もともとFASBの会計基準は，「市場価値」の用語を用いることがあっても「公正価値」なる用語を表立って用いることはなかった。FASBが会計基準において公正価値なる概念を用いたのは，1991年の金融商品の会計基準（SFAS No.107, *Disclosures about Fair Value of Financial Instruments*）においてである。しかも同基準の公開草案（Exposure Draft, *Disclosures about Market Value of Financial Instruments*, 1990年）では，その表題（英文下線部）を見ても明らかなように，「公正価値」でなく「市場価値」なる用語が用いられていた。それではなぜ，「市場価値」を廃して「公正価値」としなければならないのか。

　バース（Marry E. Barth）による率直な表現をもってすれば，「FASBが公正価値という用語を用いたのは，すべての資産と負債が市場から得られた価値を

もたないためであった。[5]」FASB も「市場価値」から「公正価値」へ用語を変更した理由を述べ,「市場価値の用語が金融商品の幅広い範囲を十分に反映するものでなく」,「市場価値用語を活発な流通市場(取引所やデイラー市場)にて取引される事項のみに結びつける」傾向があり,このような「混乱を避けるため[6]」,としている。評価を市場価値に限定すると,価値を市場から得ることができない観察不能な評価インプットが排除される恐れが生じる。「レベル3」の多様な評価方法を会計基準に組み入れるには,評価インプットを市場価値に限定するような用語であっては都合が悪い。このように公正価値は,市場価値への限定を避けるためにとられた,いわば便宜的に採用された概念であり,最初から「公正さ」の規範を定めようとしたものではなかった。

公正価値は,市場価値の強い含意をもって主張されている。しかしながら公正価値会計基準が適用される部面をみると,直接,市場価値に関わる部面は,極めて少ない。固定資産の減損評価,年金債務の評価,のれんの減損評価,それに金融商品を含めて,市場価値の得られない評価インプットによるものがほとんどである。「大半の評価は,レベル3のものである。[7]」キング(Alfred M. King)はこの点を指摘して,以下のように述べている。

「FASB は価値のヒエラルキーを設定して,レベル1の価値が他のものよりも優れていると主張するが,しかしレベル1の価値は,株式会社の財務諸表において,ほんのわずかなものであるという事実を無視した上で言っている。同じくレベル2はレベル3よりも優ってはいるが,それでもその基準が求めているようにプロフェッショナルな判断を必要とする。私が経験したところでは,財務諸表においてレベル2の価値評価は比較的わずかなものである。そのため,財務諸表の事実上すべての評価となっているのが,レベル3のものである。[8]」

FASB による「公正価値」概念は,明示上は,「活発な市場」と「上場市場価格」に連なる市場価値を顕示している。しかし,概念の実質的内容は,振りかざされた顕示上の意味とは異なり,実務的に大半をしめる「市場価値を利用できない[9]」評価インプットをもって構成されている。したがって FASB による

公正価値とは，実質には，市場価値を利用できない評価インプットによるものである，と言える。FASBの公正価値概念は，市場価値を顕示し，そのもとで特定の評価方法によって得られた市場価値にあらざる（とも言える）ものを，市場価値に準ずるものであるかのようにしてこれを包摂し合理化している。

2. 公正価値の検証不能性と監査不能性

割引現在価値法などによる評価は，将来についての経営の仮定と予測に基づいたものである。ウイルソン（Allister Wilson）は以下のように指摘している。

「公正価値ヒエラルキーのレベル3のもとで決定された公正価値は，観察に欠けたモデルに対するマーク（mark-to-model）の計算である。換言すると，それは経営者の将来予測であり現在を反映したものではない。本質的に内々に引き出された仮定と，一般に正否が確かめられない将来についての判断に基づくものである。[10]」

すなわち公正価値を実質に構成する「レベル3」の評価インプットは，「市場に基づかない（non-market-based）[11]」ものであり，経営者による将来予測に基づいたものである。

公正価値は，市場価値ベースの会計概念として主張され，それがあたかも「市場に対するマーク（mark-to-market）」の評価方法であるかのように言われている。「市場に対するマーク」であれば，市場価格という検証可能な事象に対するマーキングとなる。しかし公正価値の評価においては，「市場に対するマーク」の部面は極めて少ない。そのために実質，割引キャッシュ・フロー・モデルなどのモデルに対するマーキング，予測に対するマーキングが大半をしめる。「いわゆる『市場に対するマーク（mark-to-market）』会計，しかし実質は多くの『モデルに対するマーク（mark-to-model）』と『予測に対するマーク（mark-to-estimate）[12]』」となっている。モデルや予測は検証できないから，「レベル3」の公正価値は検証可能性をもたない。

検証することのできない事象は，当然，監査不能な事象としての性格をもつ。公正価値の監査不能性は，何人かの論者によって指摘されている。例えば，公開会社会計監視委員会（Public Company Accounting Oversight Board：PCAOB）の主任監査人（Chief Auditor）であったカーミカエル（Douglas Carmichael）は，「価値情報の監査は不可能である。期末に評価スペシャリストは，個人的な判断を用いているために，その判断を監査するのは困難である」としている。[13]

　評価モデルを用いた「第3レベル」の公正価値評価の特徴は，図表5-2に示した「経営サイクル」のうち，(1)の「アイデアのデザイン」の段階で損益を計上するところにある。通常は，実現主義のもと(8)の「顧客へ商品の引渡」の段階で損益は計上されるが，場合によっては，建設業のように工事進行基準により(5)の「製造進行」の段階で，また鉱業のように(6)の「製造完了」段階で損益を計上する場合もある。「非市場ベースの『公正価値』」[14]について特徴的なのは，「企業家が最初にポジティブな現在価値プロジェクトについての考えを持つ時点」，すなわち「利益に関する期待キャッシュ・フローが将来のものであり，非常に不確実で，検証できない」[15]段階で，損益を認識することである。この実務例をみよう。

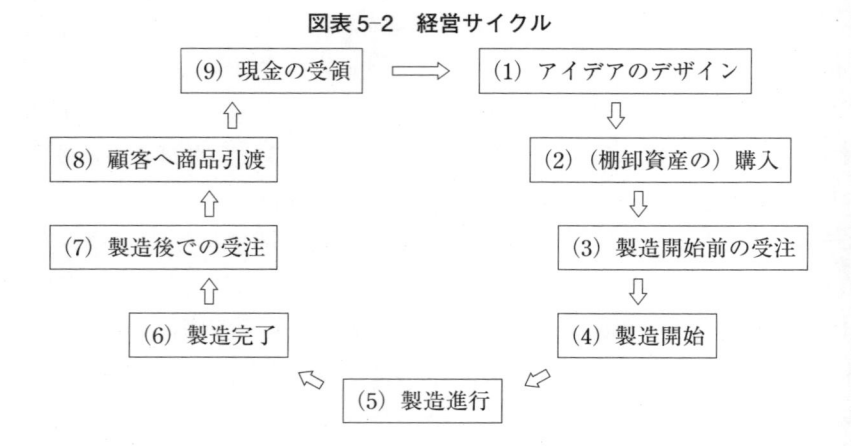

図表5-2　経営サイクル

(9) 現金の受領 ⟹ (1) アイデアのデザイン
⇧ ⇩
(8) 顧客へ商品引渡　(2) （棚卸資産の）購入
⇧ ⇩
(7) 製造後での受注　(3) 製造開始前の受注
⇧ ⇩
(6) 製造完了　(4) 製造開始
⇖ ⇙
(5) 製造進行

3. 検証不能公正価値の会計実務

「レベル3の公正価値」の実務例を，金融契約とのれんの減損の会計においてみよう。

(1) エンロンによる公正価値

2001年に破綻したエンロンの会計実務は，「レベル3の公正価値会計を初期から継続的に採用する[16]」ものであった。エンロンは，公益企業や製造業者との間でガスの長期供給契約（Gas Bankと呼ばれる）を交わすと，「ガス契約の締結時に，将来の長期（10年，20年）にわたって予測されたガス価格の推定に基づいて利得（利益）を記録した[17]。」このような会計処理は「すべての将来予測の収益と原価の現在価値をその契約から推定し，この純額を供給契約が締結された年度に利益として報告する[18]」といったものであった。「エンロンは評価において非常に多くの変数を用いて将来の長期の期間にわたった予測と価値推定を行った[19]。」またエンロンが実施したパートナーシップなどへの投資（Merchant Investmentと呼ばれる）の評価についても，観察できる市場価格は存在せず，割引予測キャッシュ・フロー・モデルを用いた価値評価が行われた。「そのモデルは，エンロンの経営者が望み通りの利得を得るべく，記録にあたって『合理的な』仮定をうち立て，純利益の操作をできるようにさせるものであった[20]。」このようなエンロンによる「レベル3の公正価値」は当初，「mark-to-market accounting」と喧伝されていた。しかし「金融契約があたかも推定された市場価値にて即時に誰かに売却されたものであるかのように想定する[21]」と言っても，そこにはマーキングすべき市場価値があるわけでなく，それは単なる「モデル」に対するマーキングであり，実質，「予測」に対するマーキングにすぎない。エンロンの職場にて，当初，「mark-to-market accounting」と喧伝された会計実務は，次第にマーキングすべき市場がないことがあからさまになって

くると，いつしか「公正価値会計 (fair value accounting)」という呼び名に代わって行った。エンロンの内部告発者であるワトキンス (Sherron Watkins) は，「やがて社内の流行語は『時価評価』から『フェアー・バリュー』に代って行った」と証言している。

(2) のれん減損における公正価値

FASB は，2001 年にのれんの会計基準 (SFAS No.142) を設定した。その会計基準は，合併会計における持分プーリング方式を廃して買収方式のみを認め，さらにのれんの償却を廃して減損オンリーのアプローチを採用した。SFAS No.142 は，合併取得時に生じたのれんを企業内の部門 (「報告単位 (reporting unit)」と呼ばれる) に割付け，合併以降，この割付けられたのれんが減損している場合には損失を計上するよう求めている。この会計基準の特徴は，全面的に「検証不能な公正価値」(「レベル 3 の公正価値」) に基づいていることである。

第1に，のれんの減損は報告単位ごとにテストされるため，合併によって取得されたのれんは，報告単位に配分されなければならない。のれんが企業全体の資産の相乗効果から生まれる将来の超過収益力を評価したものであるとすれば，この取得のれんのどの部分がどの報告単位に帰属するか客観的に決めることはできない。幾様にも設定できる報告単位のもと，その報告単位へののれんの割付けも幾様にもできる。報告単位へ割り付けられた取得のれんの公正価値の特徴は，まったく検証可能性が欠けていることであり，経営者の恣意に全面的に依存していることである。

第2に，合併後，定期的にのれんの減損テストが行われる。そのテストの第1段階は，報告単位の公正価値と簿価が比較され，公正価値が簿価以下 (すなわち簿価に対する公正価値の割合が1以下) になっておれば，第2段階の減損額の評価がなされる。報告単位ののれんの減損額評価は，報告単位全体の公正価値と報告単位ののれんを除いた純資産の公正価値との差額を，「想定された

れん（implied goodwill）」の公正価値として評価する。この評価額が，報告単位に割付けられた取得のれんの簿価より低ければ，その差額が減損損失額となる。ここでは報告単位の公正価値については観察できる市場価値が存在しないから検証不能であり，さらにのれんを除く報告単位の純資産の評価においても，多くの検証不能な資産評価が含まれている。その結果として計上された「想定されたのれん」の公正価値は，検証可能性をまったくもたない。ラマンナとワッツ（Karthik Ramanna and Ross L. Watts）は，のれん減損の会計基準について以下のように述べている。

「SFAS 142ののれん減損テストは，検証不能な公正価値推定に基づいており，企業は減損損失を操作することができる。取得のれんは，取得から期待されたレント（すなわち潜在的な成長オプション）を示すものである。この期待レントの報告単位間での配分と後の公正価値の推定は，検証不能である。検証不能性は，経営者が機会主義的にのれんの減損損失を報告することができるようにしている。経営者は，のれん損失の計上を遅らせ期間利益と純資産を拡大表示することもでき，また減損損失を拡大計上して期間利益と純資産を過小表示することも（「ビッグ・バス」の一部として）できる。[23]」

事実，のれんの減損会計における会計操作の証拠が多くあがっている。[24]

以上に見たエンロンによる「ガスバンク」の公正価値評価，のれんの減損の会計実務に見られるように，公正価値会計は，その実態においては「公正なもの」とは，とても言えるものではない。この点を指摘して，ウィルソン（Allister Willson）は，「経営者の予測にもとづいた数学モデルの公正価値は，その用語が一般に理解されているような公正な価値のものではない。そのような公正価値の採用は，情報の適合性，信頼性，理解可能性について多くの問題を生み出している[25]」としている。公正価値会計実務の実態からすれば，それは「公正」の意味に反したものである。しかし公正価値基準は，最初から「フェアー」と「アンフェアー」の境界を決めようとしたものではなく，適用の実態が「アンフェアー」である会計処理方式をも「フェアー」という用語で包括し

合理化することが出来る制度概念である。このことを理解すれば，公正価値基準について，「フェアー」の用語そのものの意味にこだわる必要はない。

4. 公正価値概念の性質

　FASB は，投資家の意思決定へのレリバントな情報提供を理由にして，伝統的な「取引価格ベース（transaction-based）」の会計から離れ，「企業価値評価アプローチ（firm valuation approach）」に移行しようとしている。[26] 企業価値評価の目的のもと，公正価値の有用性が主張される。そのうえで FASB は，割引キャッシュ・フローなどの評価方法が，市場価値の実体を決めるかのような前提に立っている。しかし評価モデルは，市場価値を評価する様式ではあるが，市場価値の実体そのものではない。ワッツ（Ross L. Watts）も述べているように，「市場価値評価の強さは，市場参加者が企業を評価するのに用いた多様な様式にあるのでなく，幅広い情報スペクトルの市場価格への組み込みを市場が生み出す条件のもとで，多様な情報を有した多大な数の市場参加者にある。FASB は，市場評価の様式をもってその実体と取り違えている。[27]」評価方法は，市場均衡のもとで生まれる市場価値の実体を決めることはできない。FASB は市場価値評価の様式と市場価値の実体とをすり替える論理操作をもって，「レベル 3 の公正価値」を合理化している。

　このような論理のもと，公正価値の会計概念は，どのような制度効果を生み出しているか。

　その効果とは，従来の取引価格ベースの会計の場合よりもはるかに大きく会計の弾力性を拡大させたことにある。公正価値概念の設定により，検証可能性を持たない評価方法が，あたかも投資家の企業価値評価に役立つ情報提供を行うものであるかのようにして，全面的に合理化された。検証可能性を持たない会計評価が生み出す弾力性は，会計利益の拡大計上も縮小計上も可能とさせる。公正価値概念は，取引価格ベースの会計の拘束を解き放ち，全面的に会計の弾力性を押し進めこれを合理化する制度効果をはたしている。

(1) ボブライト (James C. Bonbright) は以下のように述べている。
「『価値』の用語についての標準的な辞書によって示されたいくつかの意味の一つは，アンフェアーな強要された価格と区別された，正当な，もしくはフェアーな価格のそれである。この特別の含意は『公正価値』のフレーズによって示され，それはよく裁判ケース，とりわけ公益事業料金のケースにおいて用いられている。」(Bonbright, James C., *The Valuation of Property*, McGraw-Hill Book Company, 1937, p.22.)

(2) Walton, Peter, The Nature of Fair Value, (Edited by Peter Walton, *The Routledge Companion to Fair Value and Financial Reporting*, Routledge, 2007, p.4.)

(3) サンダー (Shyam Sunder) は次のように述べている。「FASB 基準書157号 (FASB 2006) は，3つの相互に関係のない評価方法 (mark-to-market, mark-to-model, mark-to-estimate) を様々な状況に対して用いられるよう指定し，これらの3つの評価方法が『公正』であると宣言した。これらの3つのオプションのうち最後のものは，市場価値もしくはモデルのパラメーターが客観的に推定できない場合に，企業が自らに適合した資産評価を行うことが出来るものである。Warren Buffet は，『公正』の第3レベルのものは作り事に対する参照 (mark-to-myth) になる危険性があると指摘している。」(Sunder, Shyam, IFRS and the Accounting Consensus, *Accounting Horizons* 23(1), 2009, p.103)

(4) FASB, Statement of Financial Accounting Standards No.157, *Fair Value Measurement*, para.5, 2006.

(5) Barth, Marry E., Fair Value Accounting: Evidence from Investment Securities and the Market Valuation of Banking, *The Accounting Review* 69(1), January 1994, p.3.

(6) FASB, SFAS No.107, *Disclosure about Fair Value of Financial Instrument*, 1991, para.37.

(7) King, Alfred M., What SFAS 157 does, and does not accomplish, (Edited by Peter Walton, *op.cit.*, p.25.)

(8) *Ibid.*, p.30

(9) Wilson, Allister, The Relevance and Reliability of Fair Value Measurement, (Edited by Peter Walton, *op.cit.*, p.202.)

(10) *Ibid.*, p.203.

(11) *Ibid.*, p.205.

(12) Benston, George J., Michael Bromwich, Robert E. Litan and Alfred Wagenhofer,

World Wide Financial Reporting, Oxford University Press, 2006, p.266.
(13) King, Alfred M., What SFAS 157 does, and does not accomplish, (Edited by Peter Walton, *op.cit.*, p.30.), King, Alfred M., *Fair Value for Financial Reporting*, Wiley, 2006, p.82.
(14) Wilson, Allister, *op.cit.*, p.206.
(15) Watts, Ross L., What has the invisible hand achieved?, *Accounting and Business Research* 36, 2006. p.6.
(16) Benston, George J., Fair Value Accounting, A Cautionary Tale from Enron, (Edited by Peter Walton, *op.cit.*, p.234.)
(17) *Ibid.*, p.235.
(18) Dharan, Bala G., Enron's Accounting Issues-What can we learn to prevent future Enron, Prepared Testimony to U. S. House Energy and Commerce Committee's Hearing on Enron Accounting, 2002.
(19) Ibid.
(20) Benston, George J., *op.cit.*, p.236.
(21) Dharan, Bala G., op.cit.
(22) Swartz, Mimi and Sherron Watkins, *Power Failure: The Inside Story of the Collapse of Enron*, Doubleday, 2003（酒井泰介訳『エンロン内部告発者』ダイヤモンド社，2003，119頁。）
(23) Ramanna, Karthik and Ross L. Watts, Evidence on the Effects of Unverifiable Fair-Value Accounting, unpublished paper, 2007, p.8.
(24) のれん減損会計における会計操作については，RamannaとWattsの先の論文の他，以下の論文を参照されたい。
Beatty, Anna and Jossseph Weber, Accounting Discretion in Fair Value Estimates, An Examination of SFAS 142 Goodwill Impairments, *Journal of Accounting Research* 44(2), May 2006.
(25) Wilson, Alister, *op.cit.*, p.207.
(26) Watts, Ross L., What has the invisible hand achieved, *Accounting and Business Research* 36, 2006, p.20.
(27) Ibid., p.21.

第6章
公正価値会計基準の制度的性質

はじめに

　近年,国際会計基準において,資産と負債を「公正価値 (fair value)」にて評価する会計基準が多く設定されている。固定資産の減損,のれんの減損に関する会計基準は,その代表的な事例である。公正価値概念の特徴は,公正価値を唱えながら「公正 (fairness)」そのもの意味については特に定義していないことにある。市場価格以外の割引キャッシュ・フロー・モデルによる評価が「公正な」価値であると主張しても,それがなぜ「公正」なのか全く触れることがない。現代の会計基準は,「公正」の用語を用いながら「公正」そのものについては空漠なものにしている。

　会計領域において,この公正価値概念の空漠さは,なぜ許されるのか。それは公正価値がもともと価値の「公正」を追求した上で設定された概念でなく,特定の制度上の機能を果たすべく便宜的に設定された概念であることによっている。制度概念としての公正価値は,(1) 従来の取引価額主義・取得原価主義の会計記録の方式にとらわれず,そこからの離脱を促進させる機能をもち,(2) さらに重要なのは,会計評価を市場価格だけの参照に服させないようにさせ,その他の多様で弾力的な方法をも承認する方向性を切り開く機能をもつ。この制度機能を果たすものであれば,特に「公正」の用語を用いなくとも,例えば「経済価値」,「時点価値」,「客観価値」など,他の用語に代えても一向に

かまわない。公正価値は，価値の「公正」如何を問題にするところの概念でなく，会計評価を取得原価主義からの離脱を促進させ，さらに評価方法を市場価値以外の多様な評価金額も包摂する制度的機能性を果たすものとして設定された概念である。

本章は，公正価値が制度的機能性をもった概念であるところにその本質的意味があることを明らかにし，その制度的機能を析出することにより，現代会計基準の制度的な性格をも明らかにしようとするものである。

1. 制度概念としての公正価値

「公正価値」とは，「強制や清算販売によらない，意思ある独立の当時者の間での現在の取引において資産もしくは負債が交換されるであろう（could be）ところの価格である」[1]。または「知識や意欲ある無関係の当時者間の仮想取引 (hypothetical transaction) において交換される資産または負債のカレント価格である」[2] と FASB は定義する。

この定義の特徴は，公正価値とは「市場価値（market value）」であるとしながら，その市場価値に並ぶものとして多様な評価方法も包含するものとなっていることである。会計は，市場取引にて成立する市場価値を評価の対象とするが，しかしその金額は必ずしも市場取引から得られたものでなくともよい。実際の市場取引がなくとも市場取引を想定したもとで成立すると思われる価額，すなわち「仮想された取引」のもとで成立が想定される価額も評価額として認められる。さらにこの考えを拡張させて，割引キャッシュ・フロー・モデルによって評価された金額も，仮想された市場取引における価格に並ぶものとして認められる，とする。

FASB は，市場価値を会計評価の主要な対象とすると言うのであれば，会計の評価概念としてなぜ「市場価値」の用語を用いないのか。なぜ「公正」の意味も明確にすることのない「公正価値」なる用語を用いるのか。その理由についてバース（Mary E. Barth）は，「公正価値という用語を FASB が用いたのは，

第6章　公正価値会計基準の制度的性質

すべての資産と負債が市場から得られた価値を有さないためであった[3]」と指摘している。

　FASB自身も公正価値の用語を採用した理由について，以下のように述べている。

　FASBは，当初，1990年の金融商品の評価基準に関する公開草案において「市場価値」を用いていた。しかし，1991年の会計基準の設定にあたって，「公正価値」の用語に変更した。その理由は，「市場価値の用語が金融商品の幅広い範囲を十分に反映するものではない」こと，「市場価値」という用語によって，「市場価値は活発な流通市場（取引所やデイラー市場）にて取引される事項のみに市場価値用語を結びつける」傾向があり，このような「混乱を避けるために」公正価値の用語を用いた。「また近年，他国と国際基準設定組織によって行われている同様の公開草案に採用されている用語に一致させて，公正価値の用語を採用するように決めた[4]」としている。すなわち公正価値の概念を採用する主たる理由は，評価基準を市場価値のみに限定させないことにあった。「公正」の用語の採用は，すでに国際会計基準などで採用されている先例に従ったものであり，特に「公正」の意味，規範を問題にするものではなかった。

　公正価値の用語設定によって，市場価格以外の評価方法も評価基準として認められるようになる。すなわちFASBが主張するように，「公正価値測定の目的は，資産と負債についての実際の取引が欠如している下で，測定される資産もしくは負債についての取引価格を推定することである。かくしてその推定は，独立した当事者間の現在の仮想的な取引を参照して決定される[5]。」さらに「現在価値評価」を含む「多元的な評価アプローチ」も「仮想的な取引」のもとでの取引価格を推定する方法である，とする。FASBは，公開草案において以下のように述べている。

　　「活発な市場における同一のもしくは同じような資産もしくは負債の市場価格が欠如している場合には，公正価値は多元的評価テクニックの結果に基づいて，不

当なコストと労力なくしてこれらのテクニックの適用に必要な情報が利用できる場合には，推定されるべきである。現在価値評価テクニックは，公正価値の推定に用いられる。現在価値は，経済学とファイナンスの基礎となっているものであり，オプション・プライシング・モデルを含むほとんどの資産価値評価モデル（asset-pricing models）の一部となっている。さらに将来のキャッシュ・フローの現在価値は，財務諸表において認識された資産と負債の市場価格を含意している。」[6]

歴史的にみると，取得原価主義に対する排撃は，市場価値を前面に立てた資産と負債の時価評価の概念でもって行われた。取得原価主義は投資家等の意思決定にレリバントな情報を提供するものでない，ということで，有価証券などの評価は時価（市場価値）によることが主張された。時価主義は，「市場価格に対する参照（market-to-market）」，「値洗い」としての意味をもって主張された。しかし，このような市場価値を前面に立てた時価主義の論調は，1980年代以降になると，変化する。会計基準において，固定資産やのれんの減損評価，年金債務の評価において，割引キャッシュ・フロー・モデルが用いられるようになると，会計評価は，実質，「市場に対する参照（mark-to-market）」ではなく，多様な評価モデルによって測定された金額への参照，すなわち「モデルに対する参照（mark-to-model）」が中心となった。取得原価主義以外に市場価値のみを認められた評価基準とするのであっては，現実の会計実務に対応できない。現実の実務では，固定資産やのれんの評価に見られるように，多様な評価モデルによって評価する方法が主流となりつつある。このような条件のもと，市場価値とそれに並ぶものとして割引現在価値などの多様な評価モデルも正当なものとして認める必要性が生まれた。公正価値は，この段階で成立した概念である。公正価値の概念は，「市場に対する参照（mark-to-market）」の当初の意味に，「モデルに対する参照（mark-to-model）」を含ませて承認する必要性から生まれたものである。さらに「公正」の意味を限定しない概念であることによって，「公正」の外縁を規定することなく，さらに将来，新しく現れるかもしれない評価モデルも「公正価値」として取り込む潜在性をもった概念と

している。

2.「市場に対する参照（mark-to-market）」と「モデルに対する参照（mark-to-model）」の本質的な違い

　公正価値概念は，「市場に対する参照（mark-to-market）」と「モデルに対する参照（mark-to-model）」の両方の意味を含んでいるが，しかしこの両者の間には決定的な違いがある。

　「市場に対する参照（mark-to-market）」は，市場価値という検証可能な事象に関連させることが出来るものであるのに対して，「モデルに対する参照（mark-to-model）」は，このような検証可能性をもたない推測に対する参照である。

　「検証（verification）」を字句どおりの意味から捉えるならば，それは「独立のテストであり，検証可能なステイトメントは独立に観察可能な（非個人的な）対象と事象について記述もしくは説明するものでなければならない。この要請は，検証可能な（独立に検査可能な）ステイトメントから離れた私的な解釈，期待，偏向を排除する。[7]」この検証の意味からすれば，「モデルに対する参照（mark-to-model）」は，実質，「推測に対する参照（mark-to-estimate）」であり，検証不能なものである。

　例えば割引キャッシュ・フロー・モデルは，以下の公式のもとに算定される。

$$V_0^F = \frac{\overline{FC_1}}{(1+r)} + \frac{\overline{FC_2}}{(1+r)^2} + \frac{\overline{FC_3}}{(1+r)^3} + \frac{\overline{FC_4}}{(1+r)^4} + \frac{\overline{FC_5}}{(1+r)^5} + \cdots\cdots$$

V_0^F ＝資産 F の０時点の現在価値。
　$\overline{FC_1}$ ＝期待フリーキャッシュ・フロー，上付きバーは予測の意味，下付きの数字は期間を示す。
r＝資本コスト，必要利回り。

この公式からも明らかなように,割引キャッシュ・フロー・モデルによる評価は,以下の要素について予測と推定を行わなければならない。[8]
(1) 将来のキャッシュ・フローの推測。
(2) 将来のキャッシュ・フローの金額もしくはタイミングについてのあり得る変数の予測。
(3) 無リスク利子率にて示された貨幣の時間価値。
(4) 資産と負債に内在する不確実性を生み出す価格。
(5) 流動性や市場の不完全さを含む識別できない場合もあるその他の要素。

割引キャッシュ・フロー・モデルは,推測のモデルである。割引キャッシュ・フロー・モデルに含まれる個々の事項について,経営者は自ら考えるかぎりの仮定や推定をたてなければならない。経営者は,これら5つの要素に関して,ほとんど自ら立てた仮定に基づいて経営計画を自由に設定することができ,そのために,仮定の立て方,予測の仕方次第で思いのままの公正価値額を算出することができる。セルホーン(Thorsten Selhorn)も,のれんの公正価値評価に関連して以下のように指摘している。

「採用される具体的なモデルにもかかわらず,評価プロセスは,将来の発展と事象に対して経営者が立てた予測に大きく依存している。認められる方法の具体的確定,抽象的な評価モデルの構成は,あらかじめ決められたパラメーターにどのような価値を割り付けるか決めるに際して,経営者による相当な裁量を抑制できるものではない。さらに経営者が全誠実さをかけて行為しようと,またそのベストな知識水準をもって報告単位の公正価値を推定しようとも,将来の不確実なキャッシュ・フローと資本コストに関する問題には,それ自体,厳しいものがある。このありあまる主観性(abundance of subjectivity)は,不確実性と結びつき,それが生み出した推定結果を適合性と信頼性の両基準に照らして問題のある批判されるべきものとしている。[9]」

このように推測に基づいた評価額は,検証することが出来ない。デムスキ(Joel S. Demski)等が指摘するように,推測は検証できない。

「意思決定にレリバントな情報は，本質的に主観的であり，それゆえそれは将来についての個人的な信念と予測の事柄である。プロジェクトからのキャッシュ・フローの推定を客観的に行うどのような方法も存在しない。そこには不確実性が付随する。また事後においても，主観的な信念を検証することができない。[10]」

また「測定（measurement）」を「測定できる属性が特定できること，数量化でき，独立のテスト可能であること」，「そこでの判断は，経験的参照性を有して非個人的なものであり，批判的な検討に供され，測定者の合意が成立する[11]」ものとして，その字句どおりの意味にとらえるならば，「市場価格への参照（mark-to-market）」は市場価値という経験的検証可能な属性に関係するために測定の意味に適合するが，他方，「モデルへの参照（mark-to-model）」は推測という人の主観に関係して検証不能であるために測定の意味をもたない。「測定は現存する条件（extant condition）を発見するプロセスであり，予測は将来の条件（future condition）に関係する。[12]」スターリング（Robert R. Sterling）が指摘するように，割引キャッシュ・フロー・モデルは，予測であり測定ではない。すなわち，

「割引価値は測定ではない。それは数学的に修正された予測である。したがって割引価値には，現在の経験を通じて確かめられるような対応物がない——すなわち割引価値は『主観的』である。[13]」
「単一で真実な割引価値などはない。これが事実である。[14]」

3.「推測に対する参照（mark-to-estimate）」事象の監査不能性

公正価値数値の監査についてみると，財務諸表数値を経験的な事象に関連させる「検証（verification）」の意味において監査をとらえるならば，「市場価格への参照（mark-to-market）」によって表示された財務諸表数値は監査（検証）可能であるが，他方，「モデルへの参照（mark-to-model）」（「推測に対する参照

(mark-to-estimate)」）は，検証不能な事象に対する参照となるため，それは監査（検証）不能である。

確かにアメリカ公認会計士協会（AICPA）は，公正価値に関する監査基準（Statement Auditing Standard, No.101-*Auditing Fair Value Measurement and Disclosure*, 2003）を表明し，公正価値数値の適正性を監査する基準を設定している。しかし当監査基準は，いかなる意味においても公正価値についての経験的検証を求める基準を設定するものではない。ここでの公正価値監査とは，経営者が公正価値の推定にあたって立てた仮定が合理的なものであるかどうか，ということが中心となっている。しかも，その合理性については，一般的な要請となっており，何ら具体的な内容を規定していない。例えば，同監査基準の内容を見ると，以下のようになっている。

「基準17：公正価値測定や表示と開示についての要請，また公正価値の変動を財務諸表に如何に報告するかということを含めて，そこでの経営者の意図が適切なものであるかについて監査人は評価する。監査人は，これらの行為を行うにあたっての経営者の能力を評価する。経営者は特定の資産もしくは負債に関連した計画や意図について記録に残しており，GAAPもそのようにすることを要請している。経営者の意図や能力について得られた証拠の範囲は，プロフェッショナルな判断の事項であるが，監査人の手続は，普通，経営者に対する以下のような質問事項が含まれる。
・資産や負債について下された経営者の意図についての過去の歴史についての考慮。
・記述された計画やその他の記録，予算や議事録その他利用できるもののレビュー。
・特定の行動をとった経営者による理由についての検討。
・契約内容を含めての実体の経済的環境のもと，特定の行動を行った経営者の能力に対する考慮。」

このように公正価値の監査基準は，経営者の意図，経営者が立てた予測と仮定の適切性に関するものであり，結果として算定された公正価値額について検証するものではない。ここで意味されるのは，公正価値の検証は，会計士の責

任ではないという実質的な意味が含まれている。したがって監査人が行うことといえば、経営者が公正価値の評価にあたって採用した手続きプロセスを確認し、その計算プロセスを再計算することとなる。このような公正価値監査の本質について、スターリング（Robert R. Sterling）は次のように指摘している。

「監査人によって独立の立場から計算された割引価値が依頼会社のそれと違ったからと言って、その事実によって無限定適正意見の表明を拒否する正当な根拠とはならない。[15]」
「監査人が独立の立場から計算した割引価値は、適正意見の表明にも否定的意見の表明にも十分な正当性の根拠を与え得ないものである。かくして、次のような結論をくださなければならない。監査人が独立の立場から計算した割引価値と依頼会社側の数値とを比較して監査を行うことはできない、と。ではこれに変わる方法はなんであろうか。独立の立場から計算した割引価値と依頼会社のそれを比較するものでないとすると、残されているのは、筆者の知るかぎり、算術的な正確性を検討することだけである。[16]」

監査を検証可能性においてとられるならば、現行の「再計算」は監査（検証）とはいえない。公正価値は、検証出来ないから監査不能である。ベンストン（George J. Benston）等も以下のように指摘している。

「実際のところほとんどの公正価値は（多くの金融商品に対してですら）、経営的操作を許す経営者の判断に依拠し、客観的に決定された検証可能な額に基づくことのない推測から生み出される。そのような公正価値推定は、信頼に足りる会計システムに採用することができず、監査できないものである。[17]」

4. 公正価値基準と会計操作の可能性

割引キャッシュ・フロー・モデルが、大きく会計操作を許すものであることは、多くの論者によって指摘されている。例えばベンストン等は、以下のように述べている。

「公正価値のほとんどは,推測によって得られ,それらは経営上の判断に依拠して客観的に決定することも検証することができない金額にもとづくものであり,否応なしに経営者の操作(managerial manipulation)を許すものである。[18]」

「多くの重要な資産と負債の経済価値は,純キャッシュ・フローと割引率の予測によってのみ得られるが,それらの推測は難しく困難でコストのかさむものであるばかりか,独立の公認会計士にとって検証し信頼性をもつものとして承認するに難しく,また不可能でさえある。特定の会計期間における経営をうまく行ったかのように見せかけたい経営者は,容易にキャッシュ・インフローの予測額を増大させたり,キャッシュ・アウトフローの予測額を減少させたり,また適用される割引率を減少させたりすることができる(正味現在価値が正であるかぎり)。経営者は,自ら推測した額の合理性をつくりあげ,独立の公認会計士が拒絶するのが困難か不可能であるような数値を思いのままに導き出すことができる。また経営者が推定したキャッシュ・フローが不正確なものであると判明した場合には(たとえ経営者が偏向のない推測を追求したとしても,結果はそうならざるをえない),経営者は条件が変わったと取繕うことができる(そのようにならざるをえない)。さらに経営者は,変化を合理的に予測できなかったとか,さもなければ,関係するプロバビリティについての結果の範囲に対しては正しく予測したが,平均値―すなわち『期待』額と同じではなかった,と言うことができる。[19]」

5. 公正価値基準の論理

　公正価値は,「市場価格(quoted market price)」を最上位のものとしてランク付けする。確かに市場価格は,強制と清算によらない意思ある独立の当事者間で成立する検証可能な価格であり,その意味で通用の意味での「公正」の概念に適合する。問題は,市場価値をかざして,その「公正」を印象づけ,そのもとで検証不能,測定不能,監査不能な割引キャッシュ・フロー・モデルなどの多様な評価モデルによる推測額を「公正」概念で包摂する,という論理操作を行っていることである。割引キャッシュ・フロー・モデルなどによって算定された金額は,想定される市場取引のもとで成立する価額に連なるものである,と強弁するのである。「市場価値」概念では,割引キャッシュ・フロー・モデルなどの推測方法を合理化できない。「公正」の概念であればそれが出来る。

しかし「公正」そのものの概念の意味を限定させ明確化することは避ける。なぜなら割引キャッシュ・フロー・モデルなどの推測方法は，「公正」がもつ規範的な意味からすれば離れたものであり，その評価モデルに合理性を持たせることができなくなる恐れがある。そのためにはあえて「公正」の概念内容は空漠なものにしておく。

　現実の資産と負債の評価において，「市場価格への参照（mark-to-market）」が適用できる実務部面はきわめて少ない。そのために，実務において公正価値評価といえば，実質，割引キャッシュ・フロー・モデルなどによる推測が中心となっている。一般に「市場価格への参照」が言われても，実際のところは割引キャッシュ・フロー・モデルなどの評価モデル，推測のモデルへの参照が中心となっている。すなわち，「いわゆる『市場に対する参照』会計，しかし実際は多くの『モデルに対する参照』と『推測に対する参照』を求める（so-called "mark-to-market" accounting, but actually requiring much "mark-to-model" and "mark-to- estimates"）」[20]となっているのが現実である。

　公正価値会計は，このような会計実務の実際的な傾向を合理化するものとして成立した。公正価値基準は，もともと公正さを追求する測定の基準ではなかった。それは取得原価主義からの離脱を促進させ，しかも市場価格以外の推測の評価方法も認められたものにする必要性から生まれたものである。その制度機能を果たすものとして設定されたのが，「公正価値」なる用語である。公正価値基準形成の歴史的脈絡からすれば，このように解釈できる。

6. 公正価値基準が求める制度装置

　公正価値が実質的に検証不能，測定不能，監査不能なものであるとすれば，その本質として，公正価値基準に対する信頼性が得られなくなる危険性がある。測定基準において「適合性と信頼性のトレードオフ」が言われることがあるが，「信頼性」を全く欠如した会計情報がはたして株主などの意思決定に対する適合性をもつことが出来るのか。「信頼性」を欠如した「適合性」は成立

し得ない。論理的には「信頼性」は「適合性」の不可欠の前提である。したがって「適合性と信頼性のトレードオフ」は成立しない。この点について，ベンストン等は以下のように述べている。

> 「会計において公正価値を用いることは，信用性（trustworthy）に欠けるものとなる。事実，信用性に欠けた数値を容易に算出することができる。多くの公正価値は，市場価値に依拠するのでなく推測にもとづいたものである。以下に示すように，不幸にも，公正価値にもとづいた財務報告は，その数値に対する要請—すなわち信頼可能性と検証可能性（reliable and verifiable）の要請を一貫して達成することはほとんどできない。
> しばしばレリバンスと信頼性の間のトレードオフについて言及されることがあるが，レリバントな情報は，意思決定において信用性に大きなウエイトをかける。すなわち会計項目がどの程度の意思決定有用性をもつかその信念の程度は，これ等の項目に関連した信用性の程度に基づいている。[21]」

公正価値そのものには信頼性を獲得する要素はない。信頼性の欠如した公正価値会計基準単独では，制度として機能する条件は危うい。それでもこのような公正価値基準を成立させ機能させるには，公正価値基準に関連するところのいわゆる「エンフォースメント（enforcement）」の諸制度が必要となる。エンフォースメントとは，会計基準の「設定（establishment）」と対をなし，会計基準の施行に関わる概念である。財務ディスクロージャー・システムに関するエンフォースメントの制度について，ベンストン等は，以下の二つの領域をあげている。

> 「財務ディスクロージャー・システムの信頼性を改善するには，二つの基本的なアプローチがある。すなわち情報の作成と検証に責任を持つ者に対するモニタリングの改善であり，数値を生み出しその検証に責任を持つ者のインセンティブを変えることである。[22]」

このような役割を期待されて成立するエンフォースメントには，例えば監査基準，監査機関の業務の監視（オバーサイト），コーポレート・ガバナンス，内

部統制システム,監査事務所の評価マニュアル・実務指針,プロフェッショナルの倫理基準などがある。

　公正価値基準は,その基準の施行に関わるエンフォースメントの諸制度を求める。

　すなわち公正価値基準は実質,推測の基準であるが,しかしながら会計基準の設定とその規定によって,推測そのものを規制することは出来ない。「偏りのない信頼できる経営上の推定は,法律にすることも規制することもできない」とレブ(Baruch Lev)が指摘しているように,経営者による推測そのものは規則によって規制できない。基準の設定が合理化されるためには,経営者による推定と公正価値会計情報を生み出す経営プロセスの合理性を支えるところのエンフォースメントの諸制度を必要とする。会計基準の設定は,設定だけではその合理性を主張することが出来ず,基準の施行に関わるエンフォースメント制度によって支えられることによって,はじめて会計基準として成立が合理化される。基準の設定が基準の施行の制度に支えられることが必要になる。このような特性をもった典型的な会計基準が公正価値基準である。すなわち,公正価値基準という経営者の意図と推測に依存した会計測定基準の設定は,経営者の意図の誠実性を維持させ,適正な会計情報が生み出されるシステムを維持させ,その適正性を牽制するシステム,ならびに監査業務の適正性を保証するシステムといったエンフォースメントの制度によって支えられ,そのことによって合理化される。例えば,監査基準(SAS No.101)は,公正価値の監査にあたって公認会計士は以下の事項について配慮しなければならない,としている。

「・公正価値測定に採用されるプロセスに対するコントロール,データのコントロール,基礎的取引に実体をコミットさせる者と評価を実行する者との間の責任の分離。
・公正価値を決定する者の能力と経験。
・情報テクノロジーがプロセスにおいて有する役割。
・公正価値測定と開示を求める勘定と取引のタイプ(例えば勘定がルーティンな

継続的取引の記録から生じたものであるか,非ルーティンの異常な取引から生じたものであるか)。
・公正価値もしくは測定をサポートするデータを提供するに実体のプロセスが組織サービスに依存するその程度。
・公正価値測定と開示の決定にあたって,実体が従事する範囲もしくはスペシャリストを採用する範囲。
・公正価値測定に採用される重要な経営者の仮定。
・経営者の仮定を支持する記録。
・仮定を設定するために利用できる市場情報を経営者が採用しているかどうかを含めて,経営者が仮定を設定し適用するプロセス。
・承認手続きを含めた,評価モデルについてのコントロールと安全手続き,適合性のある情報システムの水準。
・評価モデルに採用されたデータについての一貫性,適時性,信頼性に対するコントロール。」[24]

これらの事項は,内部統制の適正性,会計データの産出プロセスの適正性と透明性,推測を行う経営者の意図の誠実性,監査人の独立性など諸々の制度とプロセスに触れる内容である。公正価値基準は,これらの事項に関係するエンフォースメント制度を必要とする。これらの事項に関係して,今日,多様なエンフォースメントの制度が成立し,また新しく設定されようとしている。サーベンス・オックスリー法(The Sarbances-Oxley Act)は,このような方向性のもとに理解されるべきである。本法律が要請するもののなかには,公開会社会計監視機構(the Public Company Accounting Oversight Board:PCAOB)の設立による監査業務の品質レビュー,監査ルールの設定,最高経営責任者(CEO)や財務担当責任者(CFO)による財務諸表の正確性についての証明,意図的な間違いが解っている財務諸表に対して故意の証明を行った最高経営責任者や財務担当責任者の罰則,経営者による内部統制の有効性を評価し証明した報告書の提出と会社監査人による評価とその報告,あるいは公正価値の評価業務と監査業務を同一の会計事務所が行うことの禁止,5年以上にわたって監査に従事することの禁止などがある。サーベンス・オックスリー法は,エンフォースメント

に関わる全般的な制度設定を行おうとしている。この動きは、公正価値基準の設定の傾向と、全く無関係なものであるとは言えない。

おわりに

　公正価値は、「公正」を求める会計基準ではない。取得原価主義からの離脱と市場価値以外の評価額を取り込む機能をもった概念であり、この制度的機能が「公正」の内容を規定している。しかしながら公正価値は、実質において、検証不能、測定不能、監査不能な推測モデルへの参照をもその範囲に入れているため、極めて恣意的な会計数値を生み出す可能性をもっている。それでも公正価値基準が制度として成立し合理化されるためには、多様なエンフォースメントの制度に支えられなければならない。公正価値基準の成立は、本質的にエンフォースメント制度を必要とする。エンフォースメントの諸制度は、公正価値の柔らかい数値の成立を合理化するものとして機能する。とは言っても、たとえ公正価値基準がエンフォースメント制度に支えられたとしても、公正価値の恣意的な性格そのものは決してなくなるものではない。

---

(1)　FASB Statement of Financial Accounting Standards No.107, *Disclosures about Fair Value of Financial Instruments*, 1991, para.5.

(2)　FASB Exposure Draft, *Proposed Statement of Financial Accounting Standard, Fair Value Measurements*, 2004, par.4.

(3)　Barth, Mary E., Fair Value Accounting: Evidence from Investment Securities and the Market Valuation of Banking, *The Accounting Review* 69(1), 1994, p.3.

(4)　FASB Statement of Financial Accounting Standards No.107. par.37.

(5)　FASB Exposure Draft, *Proposed Statement of Financial Accounting Standard, Fair Value Measurements*, 2004, par.5.

(6)　*Ibid.* appendix A1.

(7)　Wolnizer, Peter W., *Auditing as Independent Authentication*, Sydney University Press, 1987, p.107.

(8)　FASB Statement of Financial Accounting Concept No.7, *Using Cash Flow*

Information and Present Value in Accounting Measurements, 2000. par.39.
(9) Sellhorn, Thorsten, *Goodwill Impairment-An Empirical Investigation of Write-Offs under SFAS 142*, Peter Lang Publishing, 2004, p.182.
(10) Demski, Joel S., John C. Fellingham, Yuji Ijiri and Shyam Sunder, Some Thoughts on the Intellectual Foundations of Accounting, *Accounting Horizons* 16(2), 2002, p.160.
(11) Wolnizer, Peter W., op.cit., p.169.
(12) Sterling, Robert R., A Statement of Basic Accounting Theory: A Review Article, *Journal of Accounting Research* 5(1), Spring, 1967, p.95.
(13) Sterling, Robert R., *Toward a Science of Accounting*, Scholars Book Co., 1980, p.26. (塩原一郎訳『科学的会計の理論』税務経理協会, 1995)
(14) *Ibid.*, p.132.
(15) *Ibid.*, p.133.
(16) *Ibid.*, pp.133-134.
(17) Benston, George J., Michael Bromwich Robert E. Litan Alfred Wagenhofer, *Worldwide Financial Reporting*, Oxford University Press, 2006, p.262.
(18) *Ibid.*, p.262.
(19) *Ibid.*, p.27.
(20) *Ibid.*, p.266.
(21) *Ibid.*, p.21.
(22) *Ibid.*, p.254
(23) Lev, Baruch, Corporate Earnings: Facts and Fiction, *The Journal of Economic Perspectives*, Vol 17, No2, Spring 2003, p.46.
(24) AICPA, SAS *No.101, Auditing Fair Value Measurement and Disclosure*, 2003, par.12.

第7章
のれん・無形資産減損会計における公正価値概念の制度効果

はじめに

　FASBは，2001年に公表した企業の合併・取得の会計基準において，従来の持分プーリング方式に終わりを告げ，買収方式による基準を設定した。新しい会計基準は，無形資産とのれんについて非償却と減損評価の基準を設定している。合併取得時に認識した一部の無形資産とのれんは，取得後償却されず毎年の減損テストに供され，それらの公正価値が簿価を下回る場合には減損損失が計上されることになった。のれんと無形資産の非償却と減損テストの適用は，これまでの会計基準にはなかった新しい認識領域である。のれん・無形資産の非償却と減損は，全面的に公正価値の測定概念に依存して行われている。本章は，のれん・無形資産の減損会計基準を検討することを通じて，公正価値ベースの測定概念の制度的性質を明らかにしようとするものである。

1. 無形資産とのれんの認識

　無形資産とは「物理的実態に欠けた（without physical substance）[1]」ものであるとすれば，のれんも無形資産である。しかしFASBは，無形資産とのれんをあえて区別している。無形資産は企業実体から分離でき，直接評価できるが，のれんは分離できず，独立に評価することができない。無形資産とのれんは自己

創出のものは認識が禁じられているから，それらの認識は，企業合併時に行われることになる。それらは，「取得された純資産の公正価値を上回ったコスト[2]」として算定される。合併会計において，取得会社の純資産は公正価値によって評価され，この純資産の公正価値額をこえる「交換された価値（values exchanged）[3]」（公正価値）がのれんとなる。他方，無形資産は，のれんとは区別される「分離可能性（separability）[4]」をもったものであり，直接に評価出来るものとされる。したがって「取得された純資産の公正価値を上回ったコスト」のうち，「分離可能」なものは無形資産とされ，あとの「残余」がのれんとなる。

無形資産の認識においては「分離可能性」が条件となる。契約上の権利や法的権利を有するものに限らず，「取得実体から分離でき区分できるもの」が無形資産となる。無形資産として分離した後の残りがのれんとなる。すなわち無形資産に分類されない「すべてのカテゴリーはのれんに落とし込められる[5]。」無形資産は直接，評価されるが，のれんは直接に認識されることはない。常に「残余として（as a residual）[6]」認識され，評価される。

無形資産は以下のように分類される。
・マーケティング関連無形資産（marketing-related intangible assets）：商標など。
・顧客関連無形資産（customer-related intangible assets）：顧客リストなど。
・芸術関連無形資産（artistic-related intangible assets）：演劇，オペラ，バレーなど。
・契約ベース無形資産（contract-based intangible assets）：免許，ロイヤリティなど。
・テクノロジーベース無形資産（technology-based intangible assets）：特許など。

無形資産が分離可能であることは，測定可能であることを前提とする。したがって特定の無形資産が測定可能であれば，分離可能であるということになる。無形資産を測定可能とするものは，公正価値である。この場合の公正価値には，「観察可能な市場取引において売買されるものに限定されない[7]。」それ以外の現在価値評価など多様な評価モデルも含められる。公正価値による測定可能性をもって，無形資産は分離可能なものとなる。

無形資産とのれんは，合併取得後，減損評価に供される。この減損評価は公正価値に依拠して行われる。すなわち「公正価値に基づいた減損モデル（fair-value-based impairment model）[8]」が適用される。

2. 無形資産の減損評価

のれんから分離された無形資産は，有用命数をもつものは償却に供される。償却方法は，無形資産の経済的ベネフィットが費消されるパターンを反映した方式にしたがう。そのようなパターンが確定できない場合は，定額法が採用される。無形資産の有用命数は，実体の将来キャッシュ・フローに対して直接的あるいは間接的に貢献すると予測される期間であり，その推定にあたっては，関連するあらゆる要素が考慮される。有用命数をもつ無形資産は，FASBステイトメント第121号[9]（後改訂されて144号となる）に準拠した減損レビューが適用される。すなわち取得後の期間の途中，無形資産の簿価が公正価値を上回って回復不能の徴候が明らかとなった場合には，「回復可能性テスト（recoverability test）」が行われる。その資産の使用から生み出される将来キャッシュ・フローの予測額（割り引きされない）が資産簿価より低ければ減損の認識にとりかかる。減損損失の測定においては，割引現在価値によって減損資産の公正価値を評価し，その評価額を上回る資産簿価の超過額が減損損失とされる。

　有用命数が確定できない無形資産は，「期限無限定（indefinite）」とされ，償却の対象とされない。期限無限定の無形資産は，毎年減損テストに供され，その簿価が公正価値を上回っている場合には減損が認識される。非償却の無形資産の減損を認識する場合には，FASBステイトメント144号による回復可能性テストは適用されず，直接，その資産の公正価値に基づいて減損損失が計上される。すなわち減損の認識と測定の2ステップのテストでなく，1ステップの「公正価値テスト（fair value test）」が行われる。

　減損損失が認識された後，その無形資産の公正価値が回復することがあって

も，その回復は認識されない。減損後の簿価が新しい会計の基礎となり，後の逆戻り（reversal）の計上は禁じられる。

　無形資産の減損テストは公正価値に基づいて行われるが，この場合の公正価値は市場価格に限定されない。FASB は，「観察できる市場は，期限無限定命数と見なされる無形資産の非償却を支持するに必ずしも必要ではない[10]」とする。非償却の無形資産の減損評価は，FASB 概念ステイトメント第 7 号[11]に準拠して，すなわち期待将来キャッシュ・フローの割引現在価値によって測定されることになる。

3. のれんの減損評価

(1) 取得のれんの報告単位への割付け

　取得したすべてののれんは，償却されない。毎年，会社の「報告単位（reporting unit）」レベルにおいて減損テストが行なわれる。減損テストが実施される報告単位は，「経営セグメント（operating segment）」（SFAS No.131[12]に規定された）に限らない。その下位レベルの単位（「構成単位（component）」と呼ばれる）も，独立の財務報告が利用でき，経営者が規則的にレビューしておれば，報告単位となる。セグメント報告書を作成していない会社も，取得したのれんを構成単位に割り付けし，構成単位ごとに減損をテストしなければならない。のれんと無形資産の公正価値測定は，会計年度のどのような時点でも，その時点設定が年間を通じて一貫するものであれば，行うことが出来る。

　のれんは，取得時において支払われた対価から取得純財産の公正価値を差し引いたもの，「残余額としてのみ測定できるもので，直接，測定できない[13]。」そのために減損損失の測定のために，のれんは，のれん価値の推定手続きを経て，「想定された公正価値（implied fair value）[14]」が算定されなければならない。

(2) のれんの減損テストの2段階

のれんの減損テストは，2つのステップを踏んで実行される。

減損テストの第1ステップは，のれんの減損があるかどうかを判別するスクリーン・テストである。この段階では，報告単位の公正価値が決定され，報告単位の簿価（取得されたのれんも含む）と比較される。報告単位の簿価がその公正価値を上回っている場合には，第2のステップへと進むことになる。

減損テストの第2ステップにおいては，減損分析が行われ減損損失額が測定される。報告単位の公正価値は報告単位の各資産と負債に配分され，配分することが出来ないあとの残余が報告単位ののれんの想定公正価値とされる。のれんの想定公正価値と簿価が比較され，簿価が想定公正価値を上回っている場合には，その差額が減損損失となる。減損損失控除後の修正されたのれんの簿価は新しい会計のベースとなり，その後，認識された減損損失が回復しても，逆戻りして回復額を計上することはできない。

減損テストの第1ステップは，のれんの減損損失の認識に着手するかどうかを決めるものである。報告単位の公正価値の評価において，以下の規準がすべて満たされておれば詳細な公正価値の決定は次年度へと先送りされ，減損分析は必要とされない。

・報告単位を構成する資産と負債が直近の公正価値決定以降，主だった変化をしていない。
・直近の公正価値評価額が，報告単位の簿価を相当に超える額となっている。
・事象の分析からして，公正価値決定が報告単位の現在の簿価より低くなる可能性はほとんどない（remote）。

しかし報告単位の公正価値が簿価以下になる可能性が50パーセント以上（more likely than not）あると事象が示しているならば[15]，報告単位ののれんの減損分析が実施される。

第1ステップにおいては，報告単位の公正価値が評価され，報告単位の簿価

と比較される。そのために，まず報告単位の簿価を確定しなければならない。報告単位の簿価は，合併取得後の企業実体全体の資産と負債のうち報告単位に割り付けされた金額によって構成される。合併によって取得されたのれんは，取得時に報告単位ごとに割り付けられる。たとえ報告単位に割付けされる合併取得の資産と負債がなくとも，報告単位が「合併のシナジーからベネフィットを受けると予測される」[16]ならば，その部分が報告単位ののれんとして割り付けられる。報告単位へののれんの割り付け額は，報告単位をあたかも合併取得したと想定して，報告単位について想定された「購入対価」が報告単位の純資産額を超過するのであればその部分が報告単位ののれんとなる。

　このように報告単位の簿価が確定されると，次は報告単位の公正価値の測定が行われる。第1ステップにおける報告単位の公正価値は，仮に報告単位が売買されるとして，そこで成立すると考えられる取引額に基づいて行われる。この場合，個々の持分株式の市場価格が公正価値評価の参考になるが，しかしこれが唯一の証拠になるとは限らない。株式の市場価格が参照できない場合には，割引現在価値テクニックなど多様な評価方法に基づいて，報告単位の公正価値が評価される。また，報告単位と似た経営内容と特徴を有する他の企業実体を選び，その企業実体の株価利益倍数（株価／利益比率），株価収益倍数（株価／収益比率）を参照して，報告単位の公正価値を推定することもできる。

　第1ステップにおいて報告単位の簿価と公正価値とが比較され，簿価が公正価値を上回っている場合には，次の第2ステップへと進み，減損分析が行われることになる。減損分析においては，報告単位の「のれんの想定公正価値 (implied fair value of goodwill)」をいかに決定するかが問題となる。なぜなら報告単位ののれんの想定公正価値は，報告単位に割り付けられたのれんの簿価と比較され，減損額を決定する基礎となるものであるからである。のれんの想定公正価値は，報告単位の公正価値を報告単位の個々の資産と負債に割り付け，その結果，個々の資産と負債に割り付けられなかった残余として算定される。あたかも合併が生じたかのように想定してのれんの想定公正価値の確定が行われるのである。

「のれんの想定公正価値は，企業合併においてのれんの認識が行われたのと同じ方法によって決定される。すなわち実体は，あたかも，報告単位が企業合併において取得されたかのように，また報告単位の公正価値が報告単位の取得に支払われたかのようにして，報告単位の公正価値をその単位の資産と負債のすべてに（なんらかの未認識の無形資産も含めて）割り付ける。報告単位の公正価値が資産と負債に割り付けられた額を超える部分がのれんの想定公正価値となる。」[17]

報告単位についてののれんの想定公正価値は，そののれんの簿価と比較される。報告単位ののれん簿価が想定公正価値を上回っている場合には，その超過額に等しい額が減損損失として認識される。のれんの簿価以上の損失額は計上されない。

(3) 未記録の資産の公正価値測定

報告単位の公正価値評価は，すでに認識されている資産と負債に対してなされるのではなく，未認識の資産と負債に対してもなされる。したがって報告単位の公正価値から「認識された純資産と認識されていない純資産（のれんを除く）の公正価値」を控除したものが，報告単位の「のれんの想定公正価値に最も近い推定となる」[18]とする。このような報告単位の評価においては，会計計上（認識）されている資産と負債とともに，会計計上（認識）されていない資産と負債の公正価値評価がなされる。この評価プロセスにおいては，実質，自己創出ののれんや無形資産も測定されることになり，その資産部分への報告単位の公正価値の配分，割り付けがされる。しかしここでの自己創出のれん・無形資産の測定は，減損テスト目的のためにのみ行われるものであり，この未認識無形資産を会計計上するものではない。すなわち「(報告単位の公正価値の) 配分の過程は，のれんの減損をテストするためにのみ行われるものであり，企業実体は，認識されている資産または負債の評価上げまたは評価下げをするものでもないし，これまで未認識であった無形資産をこの配分のプロセスの結果として認識すべきではない」[19]。測定はするが，認識はしない，とする。

図表7-1 のれんの減損損失の評価

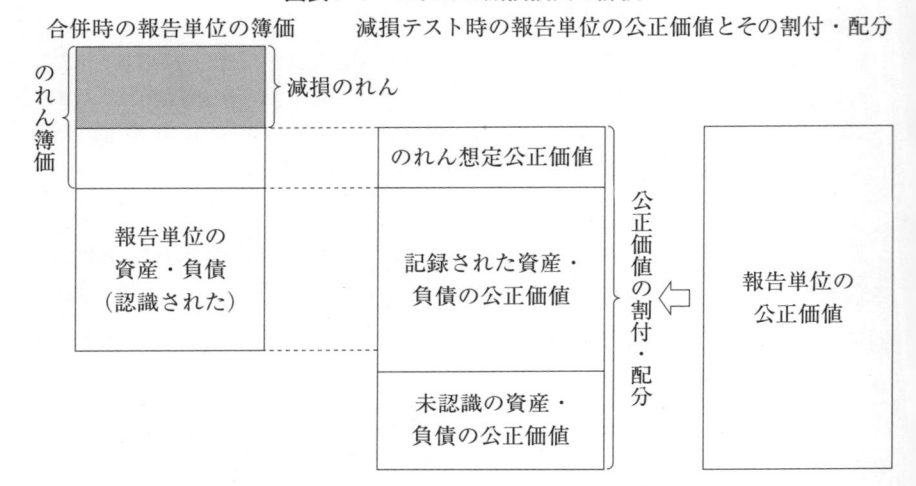

合併時の報告単位の簿価　　減損テスト時の報告単位の公正価値とその割付・配分

のれん簿価 → 減損のれん

のれん想定公正価値

報告単位の資産・負債（認識された）

記録された資産・負債の公正価値

未認識の資産・負債の公正価値

公正価値の割付・配分

報告単位の公正価値

(4) 報告単位の公正価値の評価方法

　報告単位の公正価値の決定は，仮に報告単位が売買されるとした場合の，そこで成立すると考えられる市場価格に基づいて行われるとしながら，市場価格以外のさまざまな評価方法も公正価値であり，これらに依拠することができるとしている。市場価格以外の公正価値には，割引現在価値の多様な評価モデルや，報告単位と似た経営内容と特徴を有する他の企業実体の株価利益倍数（株価／利益比率），株価収益倍数（株価／収益比率）によって評価されたものも含まれる。すなわち，

　　「資産（負債）の公正価値は，資産（負債）が自発的な当事者間での取引において購入（発生）するか売却（返済）すると想定した場合の，強制もしくは清算の販売によらない場合の金額である。すなわち報告単位の公正価値は，報告単位全体が自発的当事者間の取引において売買されるとした場合の金額を参照する。活発な市場における市場価格が公正価値のベストな証拠であり，利用できるとあれば測定の基礎として採用すべきである。しかしながら個々の持分株式の市場価格

(公の株式市場での株式取引によって形成した報告単位の市場価値)は,報告単位全体の公正価値を表すものとは限らない。個々の持分株式の市場価格は,報告単位の公正価値についての単一の測定ベースとなる必然性はない。[20]」

「市場価格が利用できないとあれば,公正価値の推定は,同様の資産と負債の価格やその他の評価テクニックを採用した結果を含めて,利用できるベストな情報に基づくべきである。現在価値テクニックは,多くの場合,(報告単位のような)純資産グループの公正価値を推定するのに利用できる最良のものである。現在価値テクニックが公正価値の測定に利用出来るとあれば,そのテクニックにおいて採用された将来のキャッシュ・フローの推定は,公正価値の測定目的にかなうものとなる。これらのキャッシュ・フローの推定には,市場の参加者が公正価値の推定において採用した仮定が組み込まれている。その情報が不当にコストがかかり労苦なくして利用出来ないとあれば,企業は自ら独自の仮定を用いることになる。これらのキャッシュ・フローの推定は,合理的で支持できる仮定に基づくものであり,利用できるあらゆる証拠が考慮される。証拠にかけるウェイトは,その証拠が客観的に検証できる範囲に応じたものとなる。キャッシュ・フローの金額もしくはタイミングについて一定のあり得る幅が推定されると,そこでのあり得る結果についての可能性が考慮される。[21]」

「株価利益倍数や株価収益倍数(multiple of earnings or revenue),もしくは同類の業績評価指標は,それらのテクニックが公正価値の測定目的に適合しているならば,報告単位の公正価値の推定に用いられる。報告単位の公正価値の決定において株価利益倍数や株価収益倍数を活用することは,例えば,特定の企業実体が似たような経営内容と経済的特性を有しており,その企業実体の公正価値が観察でき,株価利益倍数,株価収益倍数が判明している場合には,適切である。[22]」

4. のれんと無形資産会計における認識領域の拡大を支える測定の概念

現代アメリカ会計は,「分離可能性」の概念をもって無形資産の認識領域を拡大し,またのれんと無形資産に対して毎年の減損テストによる減損損失の認識という新しい認識領域を生み出した。このようなのれんと無形資産における認識領域の拡大は,公正価値の測定概念に全面的に依存することによって可能となる。

のれんと無形資産の減損認識は，公正価値に基づくといっても，市場価格による評価に限定されない。市場価値以外の多様な評価テクニックに基づいた評価も公正価値とされる。市場価格以外の多様な評価テクニックによる評価が公正価値であることによって，のれんと無形資産の認識領域の拡大は可能となる。

しかしこれらの多元的な評価テクニックは，公正価値概念が表だってかかげる測定の信頼性とは裏腹に，その実，検証可能性に欠けたものである。

(1) 無形資産会計における分離可能性の検証不能性

無形資産の「分離可能性」の認識は，測定可能であることが条件となる。分離可能性は売却可能性に制約されない。参照される市場価格がなくとも何らかの測定方法によって数値を与えることができるなら分離可能ということになる。すなわち分離可能性は，測定可能性を条件として成立する。FASBは，期待割引現在価値法も含めて多様な無形資産の評価方法を公正価値に含めることにより，無形資産の測定可能性の幅を広げた。

しかし無形資産における分離可能性の概念には根本的な疑問がある。その疑問とは，(1) そもそも無形資産は企業実体と一体的な関係にあり，分離されると価値を失うのではないか，(2) また特定の無形資産が他の無形資産との相互関係のもとで価値をもつ場合には，他の無形資産から分離できるのか，というものである。すなわち，

「無形資産は，それが経済的ベネフィットを生み出すには他の資産との連携（conjunction）のもとに，例えばチョコレート・バーの製造販売には有形資産（機械や設備）と無形資産（ノウハウ，フランチャイズ，イメージ）の連携が用いられている。さらにある無形資産（ブランドのごとき）の価値は，他の無形資産（名声，ノウハウ，スキル，関係）と密接に結びついている。会計情報の真実で公正な概観を離脱することなく，財務報告目的に対してあるクラスの資産と他のクラスの資産との間の境界をいかにして識別し区分することができるであろう

第7章 のれん・無形資産減損会計における公正価値概念の制度効果　　167

か。」[23]

　無形資産は，公正価値による測定の可能性をもつと，のれんからの分離可能なものになることが出来る。この場合の公正価値は，大きな判断領域が含まれている。結局のところ無形資産の分離可能性は，「公正価値が信頼性をもって測定すると経営者が信じたところで」[24]決定されることになる。経営者の信念は高度に主観的であり，分離可能性の認識基準は，きわめて主観的な性質をもつことになる。

(2) のれんと無形資産の減損損失の検証不能性

　のれんと期限無限定の無形資産は，毎年の減損評価の対象になる。のれんと無形資産の減損評価は，全面的に公正価値の測定概念に依拠してなされる。この場合の公正価値は，市場価格を最も高いレベルにおきながら，しかし市場価格を参照せずともいいとしている。のれんも，期限無限定の無形資産も，もともと市場価格を参照することが困難なものである。したがって多元的な現在価値評価のテクニックに依存せざるを得ない。公正価値概念は，市場価格以外の評価方法も公正価値を構成するという論理によって，のれんと期限無限定の無形資産の減損損失の計上という，新たな認識領域の拡大を可能とさせている。

　注意すべきは，のれんと期限無限定の無形資産の減損評価が，経験的に検証不能な性格をもつことである。

　まず無形資産についてみると，その期限無限定を検証する手段がない。FASBは，無形資産について，「法律，規則，契約，競争，経済など要因が無形資産の有用命数を限定出来ない場合は，その資産の有用命数は限定されない(indefinite) ものと考える。期限が限定されないとは無限 (infinite) を意味しない」[25]としている。すなわち無形資産の命数が「無限」か「有限」かの区分ではなく，「有限」か「有限性を特定できない」かの区別を求めている。しかし無形資産の命数が「有限 (finite) でない」ことを検証する手段はなく，経営者が

「有限性を特定出来ない」とすれば，その無形資産は期限無限定のものとなる。監査人は，無形資産について「特定の命数をもたないと否定したものを否定することは出来ない」[26]。

のれんの減損テストについては，第1に，合併時に取得したのれんを報告単位に割付けしたものをのれんの簿価とするが，この報告単位への取得のれんの割付けについては検証不能であり，第2に，減損損失を計上するために合併後の報告単位ののれんの「想定公正価値」を推定するが，その推定額は検証不能である。

取得のれんの報告単位への割り付けは，検証不能な手続きである。のれんは，合併により企業全体において生まれるシナジーの価値であるとすれば，その価値を，報告単位に分離することがそもそも可能であるかという問題がある。さらに合併時に純資産の公正価値の算定において測定誤差があった場合，その誤差はのれんに帰属させる金額に影響を及ぼすし，また合併にあたって取得実体に対して過大支払もしくは過小支払があった場合，そのことはのれんの金額に影響を及ぼす。このような場合，測定誤差と過大支払・過小支払に起因するのれんも含めて認識したのれん額を報告単位に適正に割り付ける方法は存在しないし，割り付け額の正確性を検証する術もない。一応，報告単位の公正価値を想定し，報告単位の純資産額を超える部分が割り付けられるべきのれんであるとしても，特定ののれんの割り付け額が他の割り付け額より適正であると検証することは出来ない。

減損テストにおいて計上される報告単位の「のれんの想定公正価値」は，検証不能である。報告単位の公正価値を評価する場合，報告単位が法人単位でないかぎり持分市場価値をもたないから，株式市場価値による評価は難しい。そのために将来キャッシュ・フローの予測をもとに評価モデル（「割引現在価値モデル（Discount Cash Flow Model）」や「残余利益モデル（Residual Income Model）」[27]を駆使して報告単位の公正価値を評価することになるが，その公正価値の適正性を検証する術がない。よし報告単位の公正価値が正確に評価されたとしても，報告単位の「のれん推定公正価値」を確定するために，公正価値を報告単

位の資産と負債に割り付けしなければならず，この割付けは，「認識された資産と負債」に対してだけでなく，「認識されていない資産と負債」すなわち合併後において報告単位において内部生成したのれんと無形資産に対しても行わなければならない。内部形成ののれんと無形資産の評価は，公正価値に基づくとしても，これらの適正性を検証する手段がない。このかれんの「想定公正価値」の測定にあたっての自己創出ののれんと無形資産の測定については，ほとんど検証不能である。

ワッツ（Ross L. Watts）は，のれんと無形資産の減損会計の基準は，将来キャッシュ・フローの予測を求めており，「これらの将来キャッシュ・フローは，検証不能であり，契約に供することが出来ないために，将来キャッシュ・フローに依拠した評価は操作（manipulate）される可能性がある」[28]としている。すなわち，

> 「企業価値とその想定のれんの価値の評価は，極度に主観的なものである。上場企業は客観的な測定である観察された市場価値を有しているが，それは採用されないものとなっている。報告単位の価値と想定のれんの評価は，さらに困難でさえある。報告単位の価値と想定のれんは検証不能であるのみならず，それらが報告単位間のすべてについて何らかのシナジーがある場合には，将来のキャッシュ・フローや価値，のれんを報告単位に配分するどのような意味ある方法も存在しない。シナジーは，ジョイント・コストでありベネフィットを意味し，管理会計のテキストが認めているように，評価目的に対して，それらの配分は恣意的となり無意味なものとなる。」[29]

> 「検証できない評価と分離できない無形資産を扱うにあたって，以前に多くの者が取り扱うのを恐れていた（それにはもっともな理由があったのだが）道にFASBは足を踏み入れた。起こりうる結果は，より大きな操作を許すことになり，それ故に価値と業績の貧弱な測定となる純資産と利益の算出である。」[30]

このようにのれんと無形資産の減損会計は「検証不能な予測キャッシュ・フロー（unverifiable future cash flow）[31]」に依存している。

お わ り に

　のれんと無形資産会計においては，公正価値に全面的に依存して基準化がされている。のれんと無形資産の認識は，それらの測定可能性に強く依存している。公正価値の測定概念が，のれんと無形資産の認識を支えている。公正価値概念は，市場価格の検証可能性と信頼性を主張しながら，そのなかに市場価格以外の多様な評価テクニックを公正価値を構成するものとして組み込ませている。このような組み込ませによって，今日ののれんと無形資産の会計は公正価値に裏づけされたものとされ，認識されるべきものとなる。しかしそれらののれんと無形資産は，その実，検証不能な予測キャッシュ・フローに依存しているにすぎない。検証不能な測定テクニックに依存したのれんと無形資産を，「公正な価値」であると承認づける制度効果を公正価値概念がもつことによって，制度的に合理化しようとする。のれんと無形資産会計にみる今日の会計認識領域の拡大は，このような公正価値概念の制度効果に支えられなければ実現出来ないものとなっている。

---

(1)　FASB, Statement of Financial Accounting Standards (SFAS) No.142, *Goodwill and Other Intangible Assets*, 2001, par.B27.
(2)　SFAS No.141, *Business Combination*, 2001, B101.
(3)　SFAS No.142, par. B39.
(4)　SFAS No.141, par.B157.
(5)　Mard, Michael J., James R. Hitchner, Steven D. Hyden, Mark L. Zyla, *Valuation for Financial Reporting, Intangible Assets, Goodwill, and Impairment Analysis, SFAS 141 and 142*, Wiley, 2002, p.17.
(6)　SFAS No.142, par.18.
(7)　SFAS No.141, par.B160.
(8)　SFAS No.142, *Goodwill and Other Intangible Assets*, 2001, par.B129.
(9)　SFAS 112, 144, *Accounting for the Impairment of Long-Lived Assets and for Long-lived Assets to be Disposed of*, 1995.
(10)　SFAS 142, par.B57.

(11) FASB Statement of Financial Accounting Concepts No.7, *Using Cash Flow Information and Present Value in Accounting Measurements*, 2000.
(12) SFAS No.131, *Disclosures about Segments of an Enterprise and Related Information.*
(13) SFAS No.142, par.18.
(14) SFAS No.142, par.20.
(15) そのようなのれん価値の減少を示す事象として次のものをあげている。(1) 法律や経営環境における変化。(2) 規制当局による行為もしくは評価・予測外の競争・重要な人物の死去。(3) 報告単位もしくは報告単位を構成する重要要素が売却されるか処分される可能性が50パーセント以上ある場合。(4) 報告単位内の重要な資産グループについてSFAS No.144で定めた回復不能性 (recoverability) のテストが施行される場合。(5) 報告単位を構成する子会社の財務諸表においてのれんの減損が認織される場合。(SFAS No.142, par.28.)
(16) SFAS No.142, par.34.
(17) *Ibid.*, par.21.
(18) *Ibid.*, par.B124.
(19) *Ibid.*, para.21.
(20) *Ibid.*, par.23.
(21) *Ibid.*, par.24.
(22) *Ibid.*, par.25.
(23) Ong, Audra, The Problems of Accounting for Intangible Assets in the Food and Drink Industry, (Issues in *Accounting and Finance*, edited by Peter Atrill and Lindsey Lindley, Avebury British Accounting Association, 1997, p.173.
(24) SFAS 142., p.166.
(25) *Ibid.*, par.11.
(26) Ong, Audra, op.cit., p.167.
(27) アメリカ学会 (American Accounting Association) の委員会は,「割引キャッシュ・フロー・モデル (DCF) と残余利益モデル (RIM) とも,のれん総額の価値を推定するに合理的な基礎を提供している」。「残余利益モデル (RIM) や割引キャッシュ・フロー・モデル (DCF) のいずれかを用いて企業ののれんを評価する提案は,公正価値会計の代用になり,先例となりうる」としている。AAA Financial Accounting Standard Committee, Equity Valuation Models and Measuring Goodwill Impairment, *Accounting Horizons* 15(2), June, 2001, p.170.
(28) Watts, Ross, L., Conservatism in Accounting Part I: Explanations and Implications, *Accounting Horizon* 17(3), 2003, p.217.

(29) Ibid., p.218.
(30) Ibid., p.219.
(31) Ibid., P.207.

第8章
包括利益概念の制度分析

は じ め に

　本章は，包括利益概念の制度的性質を歴史的パースペクティブから明らかにしようとするものである。まず会計理論と基準がクリーン・サープラスを規範とするもとで，ダーティ・サープラスの現実が進行した歴史的経過を概観し，包括利益概念ならびに包括利益計算書が一方でクリーン・サープラスの形式をとりながらダーティ・サープラスの現実も容認する性格を有することを指摘する。

1．クリーン・サープラスの規範

　貸借対照表と損益計算書は，期間の利益を媒介にして連携する構造をとっている。この構造においては，貸借対照表における持分の増加（減少）は，株主との取引（投資と配当）から生まれる変動を除けば，損益計算書における利益（損失）と等額になる。貸借対照表上の持分簿価の変動額（資本取引を除く）は，損益計算書上の利益と等しい。損益はすべて損益計算書を経由して算定され，損益計算書を経由せずして持分に計上される損益は存在しない。このような「損益計算書からの純利益以外にどのような利益も含んでいない持分のステイトメントは，クリーン・サープラス会計ステイトメント（clean-surplus accounting statement）である」。他方，「利益項目を損益計算書において報告せず持分の一部としての報告することは，ダーティ・サープラス会計（dirty-surplus accounting）として知られている。」「ダーティ・サープラス会計のもとでは，損益計算書における利益は『クリーン』でなく，完結していない。」[1] クリーン・サープラスは貸借対照表と損益計算書の連携を可能にするが，ダーティ・サープラスは連携を歪（いびつ）なものとする。

クリーン・サープラスは，これまで会計理論において繰り返し確認されてきた。クリーン・サープラスの立場を正面から否定する会計理論は存在しないといってもよい。

近代会計においてクリーン・サープラスを明確に展開したものは，ペイトンとリトルトン（W. A. Paton and A. C. Littleton）による1940年の理論である。[2] その理論は，以下の二つの柱から構成されている。

(a) 会計は取引価格から生じた価格総計に基づいて計算すべきである。
(b) 利益は実現時に認識した収益に対して発生した費用を対応させて測定する。

近代会計理論は，会計記録の対象を取引価格（交換の対価または価格総計）におき，資産も負債も資本金も収益も取引過程から生まれる価格総計によって記録する。取得した原価（価格総計）は，製品ごと，また期間ごとに，あたかも凝着力をもつかのように再集計・再分類され，最終的に収益に対応させる。利益は，実現した収益に発生した費用（再分類された価格総計）を対応させて算定する。すなわち近代会計理論は，(1) 原価ベースの測定と (2) 実現と対応の概念を根幹としている。

この会計モデルにおいては，資産は取得後，再評価されることなく，未実現の利益を計上する余地はない。利益は，すべて損益計算書において収益と費用との差額として算定される。貸借対照表に計上される利益剰余金は，すべて損益計算書において確定されたものであり，その他の不純な要素は入り込まない。すなわちクリーン・サープラスが成立する。

アメリカにおいて設定された会計基準もクリーン・サープラスを規範するも

のであった。歴史的に包括主義（all-inclusive approach）と当期業績主義（current operating performance concept）の対立があるなかで，会計基準が表だって擁護したものは包括主義である。

包括主義と当期業績主義は，特別損益の処理をめぐって対立する。包括主義のもとでは，配当と資本取引によるもの以外の，純利益に影響を及ぼすすべての項目（特別損益を含めて）を損益計算書に計上しようとする。これに対して当期業績主義は，損益計算書に計上できるものは期間の営業活動に関わるものであり，当期の企業成績に関係しない特別損益については純利益から排除しようとする。

会計基準は，個々の事例において損益計算書に算入しない事項を容認することがあっても，その建前においては包括主義を否定することはなかった。1941年の会計研究広報（ARB）第8号は，「資本取引から直接生じたもの以外の，すべての企業の原価，費用，損失は，利益に賦課すべきである」[3]として，包括主義の立場を表明している。1966年のAPBオピニオン第9号においては，「純利益は，過年度の修正項目を除き期間中に認識された利益と損失のすべての項目を反映すべきである」[4]として包括主義の立場を明確に打ち出している。そして後に触れるように，FASBの概念ステイトメントは，「包括利益（comprehensive income）」の概念をもとに，クリーン・サープラスの立場を鮮明にしている。1996年には，業績のステイトメントとしての包括利益計算書に関する会計基準を表明している。

さらにオルソン（James A. Ohlson）によって展開された持分価値評価のモデル（「オルソン・モデル」とも呼ばれる）は，クリーン・サープラスを不可欠の前提としている。

オルソン・モデルにおいては，持分価値評価モデルを「残余価値（residual earning）」概念を軸にして設定する。残余利益とは，包括利益から「必要リターン（required return）」を控除したものである。必要リターンとは，投資家がリスクと貨幣の時間価値を償うのに必要なリターンのことであり，資本コストに相当するものである。必要リターンは，期首持分（普通株式持分）の簿価

に必要リターン率（required rate of return）を乗じて求める。したがって残余利益は、以下のように表される。

　　　　　残余利益＝包括利益－（必要リターン率×期首持分簿価）

　残余利益は、企業によって獲得された必要リターンを上回る包括利益のことである。持分価値の評価は、以下に示すように、この残余利益の将来の予測を基礎にして行われる。

　　　　　持分価値＝投資簿価＋予測残余利益の現在価値

　この評価モデルは、「残余利益モデル（residual earning model）」とも呼ばれている。この評価モデルにおいては、利益とは包括利益を意味し、持分簿価に損益を混入させるようなダーティ・サープラスは、廃さなければならない。オルソン・モデルにみられる持分価値評価においては、クリーン・サープラスが前提となる。会計の役割が有用な企業価値評価にあるとすれば、財務諸表はクリーン・サープラスを維持するものでなければならない。

2. ダーティ・サープラスの現実

　このように会計の理論と基準あるいは持分価値評価の理論においては、クリーン・サープラスが規範とされる。しかしこのように理論レベルでクリーン・サープラスが主張されても、現実の会計実務は決してクリーンなものでなく、ダーティ・サープラスの実務傾向が一般的であった。会計基準も個々の基準設定の部面において、ダーティ・サープラスの現実を容認し、個別の会計基準のなかにそれを織り込み表明しさえしてきた。

　ダーティ・サープラスの普及は、1920年代から30年代のアメリカにおいて、固定資産の評価上げと評価下げを直接、貸借対照表上の一般剰余金への貸記と相殺によって行う会計実務に見られた。[5] ペイトンとリトルトンによる近代会計理論は、原価ベースと実現と対応の理論によってこのようなダーティ・サープラスの実務を排撃するものであった。しかしそれでもダーティ・サープラスの実務は消滅しなかった。近代会計成立以降、特別損益を損益計算書に計

上せず直接,貸借対照表の持分項目に計上する会計実務が普及した。このような特別損益を損益計算書を経由せずに計上する方式は,当期業績主義の理論を背景に,個々の会計基準設定の局面において容認された(ARB No.23, 28, 31, 32, 35, 41)。1947年のARB第32号は,「期間中に認識されたすべての利益と損失は純利益として報告金額の決定に採用されるべき」として包括主義の建前を守りながら,例外を認め,「会社の純利益との関係において多額で,期間の通常のもしくは典型的な企業経営から生まれたものでない」特定事項について,純利益から排除することを認めた。[6]とりわけ1948年のARB第35号は,当期業績主義に強く傾斜した基準を表明して,特別損失を純利益計算より排除する会計処理を勧告している。「1948年から1951年にかけて,明らかに利益決定に対する当期業績主義のアプローチがアメリカ公認会計士協会(AICPA)による支持を受ける時代となっていた。[7]」このような状況から,会計実務においては特別損益を損益計算書に計上する企業と貸借対照表上の留保利益に計上する企業とが混在しいわば「多元的利益表示(hybrid income presentations)[8]」の状況が進行した。1966年に包括主義の立場を明確に打ち出したAPBオピニオン第9号が公表されると,特別事項は「企業の通常の営業過程を評価するにあたって,頻繁に生起しなく継続的な要素と考えられない重要な効果をもった事象と取引[9]」とされ,純利益の計上前に含め独立して区分表示するようになった。この会計基準によって,少なくとも特別損益は損益計算書を経由せず直接,貸借対照表上の持分項目,利益剰余金に借記・貸記されるようなことはなくなった。しかしダーティ・サープラスの会計実務は,これによって止んだわけではなかった。その後,外貨換算会計における換算差額,「販売可能(available for sale)」有価証券の時価評価による評価差額について損益計算書を経由せず直接持分項目に計上する実務が普及した。特に販売可能有価証券の保有利得・損失の表示については,保有利得と損失を貸借対照表上での独立の勘定で報告したり,「その他の資本」,「払込資本」,「留保利益」などにおいて合算されて報告されたりする状態であった。[10]そのために「持分は,明確な定義されない増大しつつある重要情報のゴミ箱(dumpster)となろうとした。[11]」

このような歴史的な経過を見ても，現実の会計実務においてダーティ・サープラスは「不可欠の要素[12]」となっており，アメリカ合衆国の会計実務の歴史的な展開の各局面において，頑固に存在し，新しい装いをもって発展する傾向すら示している。「アングロアメリカ会計は，クリーン・サープラスによっては特徴づけられない。[13]」ダーティ・サープラスは，「アングロサクソン会計の長期にわたる特徴 (long-standing hallmark) である[14]」とさえ言われている。

以上に見た会計基準の理論におけるクリーン・サープラスの理想命題と会計実務おけるダーティ・サープラスの現実という両者の矛盾は，現代における包括利益に関する会計基準のあり方を規定していると思われる。

3. クリーン・サープラスの規範にダーティ・サープラスの現実を組み込んだ包括利益概念

包括利益概念（comprehensive income）概念は，FASB の概念ステイトメントにおいて，以下のように規定されている。

> 「包括利益とは，出資者以外の源泉からの取引やその他の事象および環境から生じる一会計期間における営利企業の持分の変動である。[15]」

この包括利益概念の特徴は，原価ベース，実現と対応に基づいた伝統的な損益計算の枠組みから離れて，損益を持分（資産マイナス負債）の変動（資本取引を除く）とし，幅広い利益概念を設定したことにある。損益認識にあたっては，取引（transaction）に加えて，事象（events）と環境（circumstances）の変化も含めるように拡大し，会計測定に大きく弾力性と変動性（volatility）を導入する道を開いた。

包括利益概念において，会計認識を取引のみではなく事象，環境による変化も含めるよう拡大したことは，原価ベースと実現，対応の概念に基づいた伝統的な損益計算の枠組みと決定的に異なる点である。エバンス（Thomas G.

Evans) は，以下のように指摘している。

「取引（価値事実の相互交換と定義される）は，時と場所において生起する決定的事象（discrete events）である。伝統的に会計は，取引のみに依拠してきた。取引は会計の原資料であり，比較的に監査しやすいものであった。しかしながらFASBは，純利益の決定に用いられうる事柄として，取引に『その他の事象』と『環境』を付け加えた。このことは取引をベースにした対応（matching based on transactions）からの大きな変化であった。[16]」

FASBによる包括利益概念のもう一つの特徴とも言うべきものは，利益を持分の変動（資本取引を除く）総額と規定する一方で，「稼得利益（earning）」なるもう一つの利益概念を設定していることである。「包括利益」という新しい用語をFASBが創出したのは，「稼得利益」に「包括利益とは異なった意味づけを与え，包括利益を構成する一要素とする[17]」ためであった。

「稼得利益」とは，「期間の業績を示したもので，その期に関係しない項目—他の期間に本来帰属する項目を極力排除したものである。[18]」包括利益と稼得利益との関係を一覧にすると以下のようになる。

＋収益	稼得利益
＋費用	±前期修正項目の累積的影響額
＋利得	±出資者以外のその他のものとの
＋損失	取引から生じる持分の変動
＝稼得利益	＝包括利益

このような稼得利益概念は，当期業績主義の利益概念に近い。すなわち包括利益概念によって伝統的な「取引ベースの会計」概念よりも範囲の広い多様な利益を包摂する枠組みを創る一方で，あわせて稼得利益概念を設定することにより，実質，当期業績主義に対応するより範囲の限定された利益概念を維持している。すなわち「FASBは，概念ステイトメントにおいて包括利益を『包括

主義利益』概念に一致させる形で幅広く規定した。しかしながら包括利益よりもやや狭い『稼得利益』を利益測定に採用し,『当期業績主義』概念を維持する形で損益計算書を報告する道を残した[19]のである。包括主義の立場を徹底させるのではなく, クリーン・サープラスの外形は守りながら, その実, 当期業績主義の利益概念の実質も擁護する。ここに FASB による包括利益概念の特徴がある。包括利益は, すべて利益 (稼得利益) とはならない。したがって利益 (稼得利益) に算入されない包括利益が存在することになる。損益計算への算入されなかった従来のダーティ・サープラスとされた事項は, 稼得利益概念の設定によって, 利益に組み入れられないから, 事態はなんら変わらない。しかし包括利益概念の設定によって, そのようなダーティ・サープラス事項があっても, それは直接の持分修正項目とならないから, クリーン・サープラスの外形は維持される。包括利益概念の制度的な効果は, 包括利益と稼得利益の概念を設定することによって, 稼得利益に算入されない包括利益の概念領域を創り出したことにある。稼得利益外の包括利益は, 1997 年の FASB による会計基準において,「その他の包括利益」という概念でもって具体化される。

FASB SFAS No.130「包括利益の報告 (*Reporting Comprehensive Income*)」(1997) は,「稼得利益」概念を「純利益」概念に置き換え, 純利益以外の包括利益を「その他の包括利益」として表示する財務諸表モデルを設定した。包括利益計算書において,「包括利益」は「純利益」と「その他の包括利益」から構成されることになった。

この包括利益計算書の問題点は, 一つには,「純利益」と「その他の包括利益」との間を区別する規準を設けていないことであり, 他の一つは,「その他の包括利益」を表示するステイトメントのあり方を特定化していないことである。

包括利益計算書の会計基準は,「純利益」と「その他の包括利益」との間を区別する規準を設けておらず概念的に不明確なままになっている。すなわち「FASB の概念フレームワークは, 稼得利益もしくは純利益を定義していないし, また包括利益に含めるが純利益から排除される項目の特性を識別する規準

を提供していない。その他の包括利益項目として分類している質的特性は，純利益に含められる項目と概念的に区別されていない。[20]」したがって「純利益」もしくは「稼得利益」と「その他の包括利益」の間の区別は，経営者の意図に基づくことになる。例えば有価証券について，「売買」目的と「販売可能」目的と区別するといっても，有価証券そのものに区別出来るようなメルクマールがあるわけではないから，結局は経営者の意図が，両者の区別の規準となる。経営者の意図によって，有価証券評価損益を「純利益」に算入しようとすれば「売買」目的にし，「その他の包括利益」に算入しようとすればとすれば「販売可能」目的とする。有価証券の分類は，「純利益」か「その他の包括利益」かいずれにするかについての経営者の意図によって分類されることになる。

　またFASBは，包括利益が現れる部面について特に指定していない。FASBは，包括利益の表示方法として，以下3つの方法を列記した。

(1) 損益計算書において「純利益」に「その他の包括利益」を加えて「包括利益」として報告する。

(2) 持分変動計算書において報告された「その他の包括利益」項目に「純利益」を加えて合算したものを「包括利益」として表示する。

(3) 損益計算書とは別の独立したステイトメント（「その他の包括利益計算書」）を作成して，損益計算書において確定された「純利益」と合算して表示する。

　FASBは，「損益計算書タイプの様式で包括利益を表示する方法」が「持分変動計算書において表示する方式よりも優れている[21]」としているが，多くの企業が採用したのは，持分変動計算書に表示する方式であった。すなわち「FASBによって公表された最終的な基準は，包括利益が公表すべき財務諸表を特定化しなかった。多くの会社は，持分変動計算書においてこの情報を公表することが明らかとなっている。[22]」

　ホルトハウゼンとワッツ（Holthausen, Robert W., and Ross L. Watts）は，企業が損益計算書タイプの様式で包括利益計算書を表示するのではなく，持分変動計算書において「その他の包括利益」を計上する方法が普及している実態か

ら,「剰余金は現在でもダーティである」としている。

　「本ステイトメント（FASB SFAS No.130）は,包括利益の開示を求めているが,この場合,包括利益が損益計算書のボトムラインにあるという条件においてクリーン・サープラスとなる。しかしながら本ステイトメントは,包括利益が表示されなければならない財務諸表を指定していない。事前の調査では,包括利益は持分変動計算書において開示されるのが一般的であることが明らかである。かくして実務において剰余金は現在でもダーティである。[23]」

　FASBによる包括利益概念と包括利益計算書のプロジェクトの特徴は,その基本的立場としてはクリーン・サープラスを表明しながら,「その他の包括利益」概念を新たに設けることによって,「純利益」から排除された事項,すなわち損益計算書を経由しない事項の計上場所を設けることにより,ダーティ・サープラスの現実を容認する財務諸表モデルをつくり出したことにある。しかも「純利益」と「その他の包括利益」への算入は,経営者の意図に依存させるという弾力的な財務諸表モデルとなっている。

　クリーン・サープラスは,持分価値評価にとっては不可欠の前提である。財務諸表の目的が持分価値評価のための情報のみを提供することにあるとすれば,包括利益概念の内に稼得利益概念を設ける必要はないし,包括利益計算書において純利益と区別された「その他の包括利益」を設ける必要はない。包括利益概念と包括利益計算書の会計基準が成立し,クリーン・サープラスの外貌は維持しながら,その実,企業業績を損益計算書の純利益に狭く限定し,ダーティ・サープラスの現実を擁護しようとする傾向は,財務諸表が必ずしも持分評価目的のみに供されるものでなく,その他の目的,すなわち税や配当,料金,さらには経営者報酬や債務契約,訴訟などの事象との関係で,財務諸表が制度的な役割を果たさなければならないとことから生まれている。包括利益概念は,クリーン・サープラスの外形を維持することによって会計が投資家の意思決定目的に役立つとしながら,税,配当,料金,経営者報酬,訴訟などの事象に関連してダーティ・サープラスとなる実務傾向を擁護する,このような矛

盾する関係を合理化するものとなっている。

---

(1) Penman, Stephen H., *Financial Statement Analysis and Security Valuation*, McGraw-Hill, 2001. p.238.
(2) Paton, W. A. and A. C. Littleton, *An Introduction to Corporate Accounting Standards*, American Accounting Association. 1940. Paton と Littleton は、クリーン・サープラスを明確に打ち出して、次のように述べている。「ここでは幅広い意味において—異常で臨時の要素も含めて—利益のすべての要素は、損益計算書において、貸借対照表における持分セクションにその純成果が算入される以前に報告されるべきである。」(p.102.)
(3) American Institute of Accountants, Committee on Accounting Procedure, Accounting Research Bulletin, No.8, *Combined Statement of Income and Earned Surplus*, 1941, p.64.
(4) American Institute of Certified Public Accounting, Accounting Principles Board, Opinion No.9, *Reporting the Results of Operations*, 1966, para.3.
(5) Dillon, Gadis, J., Corporate Asset Revaluations: 1925-1934, *Accounting Historians Journal* 6(1), 1979, pp.10-11.
(6) American Institute of Accountants, Committee on Accounting Procedure, Bulletin, No.32, *Income and Earned Surplus*, 1947, para.11.
(7) Kiger, Jack E. and Jan R. Williams, An Emerging Concept of Income Presentation, *Accounting Historians Journal* 4(2), 1977, p.67.
(8) Ibid. p.67.
(9) APB opinion No.9, Reporting the Results of Operations. para.21.
(10) Hirst, D. Eric and Patrick E. Hopkins, Comprehensive Income Reporting and Analysts' Valuation Judgments, *Journal of Accounting Research*, Vol.36, 1998, p.51.
(11) Beresford, Dennis R., L. Todd Johnson and Cherill L. Reither, Is a Second Income Statement Needed?, *Journal of Accountancy* 181, 1996, p.70.
(12) Holthausen, Robert W. and Ross L. Watts, The Relevance of the Value-Relevance Literature for Financial Accounting Standard Setting, *Journal of Accounting and Economics* 31, 2001. p.1-47.
(13) Ibid., p.47.
(14) Ibid., p.47.
(15) FASB, Statement of Financial Accounting Concepts No.3 and No.6, par.70, 1980,

1985.
(16) Evans, Thomas G., *Accounting Theory: Contemporary Accounting Issues*, South-Western College Pablishing, 2003, p.153.
(17) FASB, Statement of Financial Accounting Concepts No.3, *Elements of Financial Statements of Business Enterprises*, 1980, par.58.
(18) FASB, Statement of Financial Accounting Concepts No.5, *Recognition and Measurement in Financial Statements of Business Enterprise*, 1984, par.34.
(19) Johnson, L. Todd, Cheil L. Reither and Robert J. Swieringa, Toward Reporting Comprehensive Income, *Accounting Horizons* 9(4), 1995, p.131.
(20) Financial Accounting Standards Board, Statement of Financial Accounting Standard, No.130, Reporting Comprehensive Income, 1997, dissented opinion.
(21) Ibid., par.67.
(22) Hirst, D. Eric and Patrick E. Hopkins, op.cit., p.49. 1999年の調査では，調査対象企業347社中，持分変動計算書にその他の包括利益を公表する会社が272社，全体の78パーセントを占めている。損益計算書と結び付けてその他の包括利益を公表する会社はわずか14社，全体の4パーセントにすぎない。(Yarnall, Gerald L., *Accouting Trend and Techniques 1999*, Amer Inst of Gertified Public, 1999, p.401.)
(23) Holthausen, Robert W. and Ross L. Watts, op.cit., p.48.

第9章
制度としての
会計概念フレームワーク

はじめに

　財務会計概念フレームワークは，アメリカの財務会計基準審議会（Financial Accounting Standards Board：FASB）によって，1972から1985年にかけて設定された。この財務会計概念フレームワーク・プロジェクトは，「首尾一貫した会計基準を導き，財務会計と財務報告の性格と機能，その限界を規定する相互に関連する目的ならびに原理の体系的システム[1]」の形成を目指したものであった。その後，イギリスとオーストラリア，カナダ，ニュージーランドにおいて概念フレームワークの形成がなされてきた。このような概念フレームワークについては，次のような際だった特徴が見出される。

　(1) 概念フレームワークの設定は，会計プロフェッションが社会的に重要な位置を占めている国，すなわち英語圏の諸国でのみ，典型的に見られる現象であること。法律が会計を規定する国（例えばドイツ）においては，概念フレームワークはほとんど必要とされていない。

　(2) 概念フレームワークの形成が，いわゆる「デュー・プロセス（due process）」のもとに行われ，多様な利害関係者の参加と合意，妥協のもとに，最終的には特定の代表者による投票行動を経由して，理論の形成と承認が行われるという，他の学問領域では見られない特異な理論形成のあり方を示していること。

(3) 概念フレームワークの設定には,長い期間と多額の資金,多くの理論家の労力が投入された重要なプロジェクトであったにもかかわらず,出来上がったものについては落胆と失望の声があがり,それが失敗であったとする意見が多い。しかしそのような激しい批判にかかわらず,概念フレームワークを廃棄しようとする傾向は見られず,概念フレームワークそのものの存在は肯定されていること。批判の激しさにもかかわらず,その存在そのものを否定する者はいないという,特徴的な傾向が見られる。

以上に見た特徴は,概念フレームワークが制度としての本質的特性をもっていることから生まれたものである。他の学術理論とは違った会計学がもつ独特の性格から生まれるものである。会計理論の制度的性格が,そのような特異な傾向を生み出しているのである。概念フレームワークとその理論の性格をその制度性において検討すると,いくつかの疑問が解き明かされる。

1. 会計概念フレームワークの不可能性と必要性

理論を構築する営みは,仮説の設定と分析をつうじて経験的に検証可能な法則性を導き出す知的作業であり,普通,個人の自由意思のもとに行われる。ところが会計の領域においては,他の領域では決して見ることのできない特異な傾向が見られる。

特異な傾向とは,会計の理論が概念フレームワークとして特定の団体によって集団的合意を獲得する形で構築され,表明されることである。会計学以外の他の学問分野において,例えば経済学や経営学などの社会科学の分野において,何らかのフォーマルな知識体系を概念フレームワークとして構築しようとする傾向など見られないし,また会計以外の他のプロフェッショナルの領域において,たとえばマーケティングの専門家や財務アナリスト,精神分析医などが,自分たちの専門領域の基礎概念を概念フレームワークとして設定しようとする傾向など見られない。唯一,会計の領域のみが概念フレームワークを構築しようとする。

さらにそのような概念フレームワークの形成の仕方も特異である。会計概念フレームワークは，特定の団体の権威のもとに，多くの参加を呼びかけ，意見調整や多数派工作を経由して，最終的には代表者の投票行動によって議決され，表明される。このような「デュー・プロセス」のもとで構築された理論は，合意の結果生まれたものである。合意は妥協を通じてのみ得ることが出来るとすれば，会計領域の理論は，もはや理論的であることとは離れた，「妥協の文書」以外の何物でもない。このような「理論」形成においては，ハップウード（Anthony G. Hopwood）が指摘するように，「卓越した良質の研究者よりも，むしろ広く尊敬された研究者が研究プロセスに参加するという事実が，厳格で理論的な卓越さの明確なイメージに訴えるのと同じくらい重要となる[2]。」

アメリカにおいて，会計基準の設定と解釈，適用のための基礎的理論を構築しようとする努力が，これまで歴史的に連綿となされてきた。このような概念フレームワークは，存在することそれ自体が特異であり，さらにその構築のされ方も特異である。何故，概念フレームワークは必要とされ，その構築が機関の権威をバックに合意と妥協の非理論的なプロセスをもって行われるのであろうか。

そのことを検討するにあたって，まずFASB財務会計概念フレームワーク・プロジェクトが企図した理論構築の目標を見ることにしよう。FASBの公式文書は，次のように述べている。

「目的とは会計が目指すところを確認することである。原理とは基礎的な会計概念，すなわち，計上すべき事象の選択と，それらの事象の測定，利害関係者に対するそれらの要約と伝達の過程を導く概念のことである。このようなタイプの概念は，そこから他の概念が派生し，そしてたえず参照されることによって，会計と報告の基準の設定と解釈，適用にあたって不可欠なものである，という意味で基礎的なものである[3]。」

しかしこのような基礎概念の構築を，多くの利害関係者が参加する「デュー・プロセス」のもとで行うとすれば，すべての者が合意する「会計目

的」と「計上すべき事象の選択」,「事象の測定」のための基礎概念を設定しようとしても,それは事実上不可能なことである。[4] パークス (R. W. Perks) も次のように述べている。

「定義（利益,資産,負債の定義）を生みだそうとする努力によって,例えば資産とは何か,負債とは何かについて,多様な観点を支持する多様な解釈ができる公式を生み出すことは,到底できない。そのような定義をある特定の問い（のれんや労務関係費,開発費,ブランド,資本化された利子を資産に含めるべきか否かというように）を発することによって機能させる試みは,定義があまりにも緩やかなものであればうまくいかない。定義をより特定のものにしようとすれば,そのことによってあるグループが好む特定の会計処理が否認されることになり,その人達にとっては認められないものとなろう。多様な利害グループすべてに受け入れられるような定義を生み出すことは,特定の処理のガイドにまったくならないような一般的な形による以外に,事実上,不可能である。[5]」

しかし論理的に不可能とされながらも,FASB はとにかく「デュー・プロセス」を経て,概念ステイトメントを構築し表明した。概念ステイトメントの形成において取られた戦略は,問題を分割して,合意の困難な問題は先送りにする,といったものであった。概念フレームワークは,4つの部分,すなわち「財務諸表の目的」,「会計情報の質的特徴」,「財務諸表の構成要素」,「認識と測定」に分割し,抽象度の高い概念から出発し,具体的で困難な問題は後に遅らせた。抽象度の高い概念から出発するのは,抽象度が高ければ高いほど多様な解釈が可能となり,多様な利害を包摂し,合意を得やすいからである。しかし「認識と測定」のように具体的で合意に困難な問題は後回しにされ,最終的に FASB は,「認識と測定,表示についての更なる発展は,概念が基準のレベルに適用されるにともない生まれると信じる[6]」として,測定と認識の基礎概念を概念フレームワークの内容から実質的にはずし,「将来の会計基準レベルの発展」へと預けた。

結果として出来上がった概念ステイトメントに対しては,激しい批判が投げつけられた。「一貫性に欠けたもの」,「新しい会計基準のガイドとして役立た

ない」,「脈絡性がなく矛盾している」等々,出来上がった概念フレームワークに対して激しい批判が集まった[7]。ソロモン(David Solomons)にいたっては,FASB概念フレームワーク・プロジェクトは「失敗」[8]であったと断定している。

　これらの批判は,概念ステイトメントが当初掲げた,会計基準をガイドする首尾一貫した体系を形成しようとする基本目標からすれば,的を得たものであろう。しかし,問題にしなければならないことは,概念フレームワークの構築の不可能性が言われるなかでも,なぜ,その設定が追求され,設定されなければならないのかということである。出来上がった概念ステイトメントに対する激しい批判にも関わらず,概念フレームワークの存在そのものについては,誰一人否定する者はいない。

　論理的には実現不可能とされる概念ステイトメントが,これまでの歴史的過程のなかで執拗に追求され,そして合意のプロセスを経てやっと成立した。そして出来上がった概念フレームワークに対しては,多くの批判が集中しているにも関わらず,存在そのものは否定されることなく存続している。このような過程を見ると,概念フレームワークの必要性は,それが「会計と報告の規準の設定と解釈,適用のための基礎概念」を構築するとした,それが掲げる明示上の目標において理解するのではなく,他の客観的な要因に関わらせて検討することが必要になる。財務会計概念フレームワークの体系性のなさは問題ではない。それが社会制度として必要にされ,客観的に機能するそのあり方が問題にされなければならない。

2. プロフェッショナル会計制度と会計概念フレームワーク

　会計概念フレームワーク・プロジェクトは,ドイツのように会計ルールが政府の法律によって規制されている国においてはきわめて消極的な取組みしかされていない。同じ会計の領域であっても,なぜこれらの国においては,概念フ

レームワークの必要性がアメリカほどに深刻ではないのであろうか。このことについてアーチャー（Simon Archer）は次のように述べている。

「このことはこれらの国が財務会計基準設定を法律のより一般的な規則制定過程のもとに行っているというサブ命題によって説明できる。これらの国における財務会計基準の形成と実行は，会計プロフェッションの責任であるとは考えられていない。むしろプロフェッションの役割は，法団体のメンバー，あるいは法務委員会に対するアドバイザーとしての専門的能力を提供することであり，そこでの基準設定の仕事は法的強制力をともなったアウトプットとなる。」「このことが意味することは，APBやFASBのごとき団体によって感じられたプレッシャーは，英語圏諸国（とりわけ合衆国）と他の先進ヨーロッパ諸国との間で異なる会計プロフェッションの社会経済的役割に関係している，ということである。[9]」

会計を法律によって規制するところでは，概念フレームワークの必要性は乏しい。概念フレームワークは，会計士がプロフェッショナルとして社会的に認定され，会計制度の運営を行っている制度形態と結びついて必要とされた。概念フレームワーク・プロジェクトが最も熱心に遂行された国はアメリカであるが，そこでは「職業的会計人及びその集団がそのプロフェッションとしての専門性と権威によって，会計原則を設定し，解釈し，その作業を会計固有の専門的な事柄として維持しつづける[10]」制度形態が確立している。概念フレームワークは，このような「プロフェッショナル会計制度[11]」の不可欠な制度装置として成立したものである。

なぜ，概念フレームワークが，会計プロフェッションによる会計制度の運営がなされている国において成立するのであろうか。

概念フレームワークは，会計プロフェッションによる会計制度の私的規制に対する多方面からの批判が高まり，「信頼性の危機（credibility crisis）[12]」が生まれ，それに対する対抗措置として形成したとする見方がある。ハインズ（Ruth D. Hines）は，「概念ステイトメント・プロジェクトが，そのテクニカルな失敗にも関わらずなぜ実行され続けるのか」という問いを発し，その理由を「会計プロフェッションの基準と権限，自主規制を正当化すること（legitimizing）[13]」

に求めている。このような見解は、概念フレームワークを「プロフェッショナル会計制度」と結びつけて理解している点で注目される。しかしさらに疑問を押し進めて、たとえ概念フレームワークが会計プロフェッションによる会計の私的統制を擁護する「戦略的マヌーバー（strategic maneuver）[14]」であるとしても、何故、概念ステイトメントが「意思決定目的」と「レリバンス」、「信頼性」の概念をもって構築されなければならないのか不明である。概念ステイトメントの存在によって、プロフェッショナル会計制度の権威化がはたされるとすれば、そこで採用される理論内容はさして重要ではない。例えば、そこでの理論は、伝統的な配分と対応の理論であってもいいのではないか。しかし、まったく新しい装いの基礎概念の構築が必要とされた。概念フレームワークが、なぜ配分と対応の理論を否定し、新しい装いをもって構築されなければならないのか。これに答えるには、会計実務の性格の検討が必要になる。

3. 会計概念フレームワークの制度的機能

　財務会計概念フレームワークが関わりをもつのは、財務諸表という文書現象である。財務諸表は、「資産」、「負債」、「資本」、「収益」、「費用」の5つの基本項目の数値を、貸借対照表と損益計算書との二面からの組み合わせによって、「利益」を算出する仕組みをとっている。会計上の概念は、この財務諸表という文書に関わった概念のことである。この場合、会計上の概念は、人と人との経済的、社会的、政治的関係のもとに、それらの関係に拘束されて成立する。会計上の利益とは、財務請表上の利益であり、計上され公表されることによって一定の効果を果たす利益のことである。それは特定の経済的政治的利害が絡まって生成し、社会的に容認されることによって成立する制度的な性格をもったものである。会計上の利益は、ルッカ（Kari Lukka）が言うように、独立の客観的実在性をもったものというより、「社会的な構築物（social artifact）」である。「利益の概念は、本質的に人間の意識が生み出した概念であり、明示的なあるいは黙示的な社会における集合的な合意である。[15]」

会計上の利益項目と数値が成立するためには，会計実務に対して社会的に合意化せしめるための何らかの制度が必要とされる。そのような社会的合意化は，「プロフェッショナル会計制度」にあっては法律の権威に傾斜してはなされない。会計プロフェッションの権威に基づき，会計実務に信頼性が付与されるのである。会計プロフェッションは会計基準を設定し，それだけで不十分とあれば，さらにその会計基準を支える理論を概念フレームワークとして設定する。会計基準の設定とは，現実の実務に論理性を付与し，それを社会的に承認させる仕組みをつくり出すことである。この機能を会計基準だけで果たせないとあれは，さらにそれを支える会計の理論を社会的に構築しようとする。

現実の会計実務に信頼性を取り付けるためには，伝統的な配分と対応の基礎概念をもってしては出来ない。現代の会計実務は，配分と対応の枠組みを乗り越えて展開している。年金やその他の退職後給付の会計，金融商品の会計といった新しい会計実務の展開は，配分と対応の理論モデルをもってしては合理化することは出来ない。しかもこれらの新しい会計実務は，多くの判断事項を含んだ実務となっている。現代の会計実務において中心になっているのは，例えば減価償却の原価配分方法のように特定の配分公式（定額法や定率法）の選択適用に関わった判断ではない。事象の認識と測定に直接関わった個別事例ごとの判断が要請される実務が多くなっている。したがって会計基準もこれまで見られないほどの多くの判断事項を含んだものがフォーミュレートされるようになっている。

メーソンとギビンス（Alister K. Mason and Michael Gibbins）は，「合衆国の会計基準は，作成者と監査人による相当な程度の判断なくして適用できない」[16]として，会計基準における判断要素を分類した上で，過去の会計基準（APB Opinions）と現代の会計基華（FASB Statements）を比較している。その事例として 1970 年の合併会計基準（APB Opinion No. 16, Business Combinations）と 1985 年の年金会計基準（SFAS No.87, Employers' Accounting for Pensions）をとりあげ比較している。それらの比較によれば，1970 年の合併会計基準には 12 の判断ポイントが含まれていたのに対して，1985 年の年金会計基準には，実に

65の判断ポイントが含まれているとしている。このような例に代表されるように，現代アメリカ会計基準は，実に多くの判断ポイントを含んでフォーミュレートされており，この傾向はますます強まっている。

判断ポイントを多く含んだ会計実務が展開し，それに応じて公認会計士の判断能力に強く傾斜した会計基準が展開する傾向が強まっている今日，配分と対応の理論ではもはや制度的理論としての有効性はもちえない。FASBによる概念フレームワークは，「レリバンス」や「信頼性」の会計理論をもって，配分と対応の伝統的な会計理論を廃棄したところに，その制度的な役割があった。「FASBは，システマティックな減価償却やその他の配分など長期にわたって存在する多くの実務を合理化した対応の概念に終焉のステージを設定したのである」[17]。このように伝統的な制度理論の枠組みを打ち砕くことによって，新しい会計実務の展開を合理化する道が開かれた。判断要素を多く含んだ現代の会計基準を合理化する制度理論が設定されたのである。

アメリカの会計基準は，会計士のプロフェッショナルな判断基準として形成されてきた。会計基準は，公認会計士が財務諸表表示の「公正性 (fairness)」を判断する基準として制度的意味をもたされてきた。このような制度構成がとられる場合，会計士の判断がプロフェッショナルなものでなければならない。このように会計基準が，ますます会計士のプロフェッショナルな判断を前提せずしてなりたたないとすれば，会計士の判断のプロフェッショナル性を支える会計の制度装置が必要になる。この意味で財務会計概念フレームワークは，「プロフェッショナル会計制度」の正当性を擁護する重要な制度装置の一つとして機能する。

お わ り に

財務会計概念フレームワークは，「プロフェッショナル会計制度」の制度装置としての性格をもっている。その理論のスタイルは，法的な規制に傾斜することなく，会計士のプロフェッショナルな判断に傾斜して構築された制度体制

から生まれた。会計理論は，その国の会計制度形態と大きく関わりを持って成立するものであり，会計理論一般として普遍的性格をもって成立するものではない。それは会計実務に対する社会的合意形成の理論として，制度的機能を持って構築される。財務会計概念フレームワークは，このような会計理論の性格を如実に示した事例である。

---

(1) FASB, Financial Accounting Concepts Statement No.2, *Qualitative Characteristics of Accounting Information*, 1980, p.11.
(2) Hopwood, Anthony G., Accounting Research and Accounting Practice: The Ambiguous Relationship between the Two, The Deloitte, Haskins & Sells Accounting Lectures at The University College of Wales, Aberystwyth, 1983, p.566.
(3) FASB, Scope and Implications of the Conceptual Framework Project, 1976, p.2.
(4) 「会計の目的」の設定によって，会計基準をガイドする基礎概念を構築することの不可能性については，以下の文献において主張されている。Nicholas Dopuch and Shyam Sunder, FASB's Statements on Objectives and Elements of Financial Accounting: A Review, *The Accounting Review* 55(1), 1980.
(5) Perks, R. W., *Accounting and Society*, Chapman & Hall, 1993, p.172.
(6) FASB, Statements of Financial Accounting Concepts No. 5, *Recognition and Measurement in Financial Statements of Business Enterprises*, 1984, para.108.
(7) Hines, Ruth D., The FASB's Conceptual Framework, Financial Accounting and the Maintenance of the Social World, *Accounting, Organization and Society* 16(4), 1991, p.314.
　　例えばミラー等は，「概念フレームワーク・プロジェクトの基本性格についての妥協の結果，それが生み出したものは，規定的（prescriptive）でもなければ，記述的（descriptive）でもない，いずれの目的をも満たさないコンビネーションとなった」として，論理一貫性がないことを指摘している。(Paul B. Miller, Rodney J. Redding and Paul R. Bahnson, *The FASB: The People, the Process, and the Politics*, 3ed, Richard D. Irwin 1993, p.95.) またダレイとトランタは，「概念フレームワークが会計基準形成において経済的，政治的プレッシャーが果たす重要な役割を無視しており」，そのために会計基準設定に役立っていないとしている。(Dalley, Lane A. and Terry Tranter, Limitations on

the Value of the Conceptual Framework in Evaluating Extant Accounting Standards, *Accounting Horizons* 4(1), 1990, p.16.)
(8) Solomons, David, The FASB's Conceptual Framework: An Evaluation, *The Journal of Accountancy*, 1986, p.22.
(9) Archer, Simon, On the Methodology of Constructing a Conceptual Framework for Financial Accounting, Edited by M. J. Mumford and K. V. Peasnell, *Philosophical Perspective on Accounting*, Routledge, 1992, p.62.
(10) 加藤盛弘『一般に認められた会計原則』森山書店, 1994年, 17頁。
(11) 前掲書, 82頁。
(12) Gore, Pelham, *The FASB Conceptual Framework Project 1973-1985*, Manchester University Press, 1992, p.6, p.133.
(13) Hines, Ruth D., Financial Accounting Knowledge, Conceptual Framework Projects and Social Construction of the Accounting Profession, *Accounting, Auditing and Accountability* 2(2), 1989, p.85.
(14) Ibid., p.89.
(15) Lukka, Kari, Ontology and Accounting: The Concept of Profit, *Critical Perspective on Accounting* 1(3), 1990, p.255.
(16) Mason, Alister K. and Michael Gibbins, Judgment and U.S. Accounting Standards, *Accounting Horizon* 14(24), 1991, p.19.
(17) Miller, Paul B., The Conceptual Framework as Reformation and Counter-reformation, *Accounting Horizons* 23(32), 1990, p.27.

第10章
企業は嘘をつかない？

本章は，高知大学ラジオ公開講座（RKC 高知放送）において，放送したもの（2007年11月4日）を，掲載したものです。

「会計」の語源は「説明する」

―――：高知大学ラジオ公開講座2007，今月・11月は「企業と経営」を大きなテーマにお話をうかがいます。今日はスタジオに村瀬儀祐教授をお迎えしています。こんにちは。

村瀬：こんにちは

―――：先生は大学で何を教えられていますか。主に研究しておられるのはどんな分野ですか。

村瀬：会計学です。特に会計の社会的な役割について勉強しております。

―――：今日の講座のテーマは「企業は嘘をつかない？」，この最後に「？」マークがついているところがなんとも気になりますが…。今日はどういったお話になるのでしょうか？

村瀬：会社は年に1回は会計報告をします。そこで公表されるのが財務諸表です。本日は，企業が公表する財務諸表に嘘はないのかどうかを問題とします。

―――：財務諸表，会計…どれも難しいことのように思ってしまうのですが…。

村瀬：確かに理解するに易しいとはいえません。しかし会計がなければ資本主

義の世の中は成立しません。それほどに重要な役割をもっている。本日は，難しそうにみえる財務諸表を，その役割を中心に分かりやすくお話したいと思っています。

　ところで「会計」といえば，どんなイメージをお持ちでしょうか。

―――：数字を使う，その数字というのはお金っていうイメージですね。

村瀬：私の子供が小さい時，父親の職業を尋ねられ，「会計の勉強」と答えました。そうしましたら，「お金を数える勉強ね」，と言われました。

　このように会計は「お金の計算」とイメージしているのではないでしょうか。「会計」の字からして計算のイメージが強いですね。実をいうと，「会計」は英語で「アカウンティング（accounting）」と言って，これは「account for／説明する」から来ています。

―――：会計のもともとの意味と言えば「説明する」なんですね。

村瀬：ですから，会計は，お金の計算そのものというより，「説明」の意味にとらえた方が，その性格をよりよく理解できます。今日の話の中心になる財務諸表は「フィナンシャル・ステイトメント（financial statements）」と言います。「ステイトメント」は「説明書」・「表明書」いう意味があります。人と人との間で経済的な取引関係が生まれると，必ず説明する，説明される関係が成立します。経済取引は，説明する，説明されるネットワークの発展によって促進されます。このような説明する，説明される関係，その関係を「アカウンタビリティ（accountability）」と呼んでいます。「アカウンタビリティ」は「説明責任」と訳されています。

　経済取引は説明する，説明されるネットワークの発展によって促進されると言いましたが，それではどんな経済取引が会計による説明を必要にしているでしょうか。

―――：説明と聞けばやはりお金の流れを確かめるとか，そんなことでしょうか。

村瀬：そうですね。たとえば，お金の貸し借りの取引を考えてみましょう。お金の貸し借りの取引は，会計の記録と説明を必要とします。今ではあまり使わ

れなくなっていますが、「ツケにする」という言葉がありますね。

　私が、居酒屋でお酒を飲み、「本日はツケにして」といったら、どんな意味になりますか。

───：今日は支払をしないけれども、将来は払うよという約束をすることですよね？

村瀬：「ツケにする」とは、「借りで買う」という意味があります、また帳簿に付ける・記帳するという意味もあります。帳簿に付けたものは、証拠となって、後ほど客に対して説明し、請求することになります。お金の貸借の関係は、帳面に付けることによって確かなものになる。帳面に付けたものが回収されれば、帳面から消さなければなりません。

　帳消し。すなわち筆で棒状に線を引き、いわゆる「棒引き」にするなどして、帳面から消さなければなりません。「帳消し」「棒引き」の言葉は、同時に、お金の貸借の関係がなくなったことを意味します。

───：文字通りお金の貸し借りを帳消し、というのは帳面から消した、線を引いて消したということなんですね。

村瀬：はい、そうです。西欧ではどのように記録されていたかというと、ノートの開いた左側のページに相手が借りたものを記録し、反対の右側のページに相手が貸したものを記録しました。

───：取引の相手を主にして考えるんですね。左側に相手が借りたもの、右側に相手が貸したものを記す。

村瀬：ノートは開くと右と左のページに分かれ、ちょうどＴの字の形になります。Ｔの字の左側は、相手が借りたものを記録するから「借方（Debtor：Dr）」と呼び、右側は相手が貸したものを記録するから「貸方（Creditor：Cr）」と呼びました。取引相手が借りたものを返却すれば、右側（貸方）にその額が記入され、取引相手が貸したものを返却すれば左側（借方）にその額が記入されました。今日の複式簿記の勘定は、このような債権債務の記録の方式から生まれたものです。

───：なるほど。

村瀬：お金の貸し借りは，帳簿に付けることにより，それが証拠となって，取引相手に説明する文書となります。お金の貸し借りの関係は，記憶だけを頼りにしては不確かなものになります。後になって，貸したはず，いや借りていない，返したはず，いや返してもらっていないとのトラブルが生じます。

　しっかりと帳面に付け，それを証拠にしなければ疑心暗鬼が生まれ，お金の貸し借りの関係もうまく行きません。西洋の古いことわざに，「何度もの会計は長期の友情をつくりだす。(Frequent accounting make for long friendship.)」というのがあります。

　会計は，お金を借りる者と貸す者との間に信頼関係をつくり出し，そのことによって貸借の経済取引を促進させます。

―――：ここまでお話を伺っていますと，会計が計算するという意味よりも説明するという意味を持つんだと言うことがよく理解できます。でも先生，経済取引というのはお金の貸し借りだけではありませんよね。

村瀬：おっしゃるとおりお金の貸し借りが経済取引のすべてではありません。さらに多様な取引関係が発展し，会計記録は，お金の貸し借りだけの記録では済ますことはできなくなります。今日の会計は，最初に投資した資金がどのように用いられ，期間中にどれほどの営業成果を上げたか，その結果，最初の投資額よりどれくらいの増加があったかを表示しています。

経済取引に必要な記録と説明

村瀬：ではここで，このような記録と説明の様式がどうして生まれたのか，説明をしておきましょう。例えば，15・6世紀の大航海時代，シェークスピアの『ベニスの商人』の物語となった時代，インド洋に船団を仕立てて，毛織物などの物資を乗せて，それをインド洋の諸島で胡椒などのスパイスと交換し，本国に持ち帰り売却する，という大規模な事業を考えてみて下さい。

　大きな船団を組むには，一人の個人の出資に頼ってはできません。多くの出資者が必要です。それらの出資者は出資だけを行い，自ら船長になって船を操

ることはしません。航海には危険がつきものですから，出資者は１つの船だけに投資をしない。いくつもの船に投資を分散させます。

　そして自分の投資先から，全体として儲けを手に入れます。船団の船長は，儲けを出資者に分配するにあたって，航海でどれほどの成果があがったか出資者に説明しなければなりません。説明に嘘があるならば不信が生まれ，船長は次の航海を行うことが出来なくなります。

　ここに単にお金の貸し借りの記録だけでなく，当初の投資額からどれくらいの営業成果が上がり，当初の投資額にどれくらいの増加があったかを記録する必要が生まれました。この時代の船団による交易の事業は，新たな会計説明関係を生み出したのです。

───：なるほど。船長は出資してくれた人に対して航海が終わればこれこれの儲けがありましたと正しく報告，説明しなければならないと。そのために記録も必要なんですね。ここで言う船長とは，経営者のイメージですよね。

村瀬：まぁ，そういうことになりますね。

　１航海につき１回の会計報告をするこのような事業においては，会計説明の関係はプロジェクトの終了をもって終ります。しかし将来ずっと継続する事業形態が生まれるとどういうことになるでしょうか。

───：この事業をずっと継続するとしますと。

村瀬：出資する者と経営する者との間の役割が分離し，事業がほぼ永久に継続する事業形態，ゴーイングコンサーン（going concern）が生まれると，期間毎に区切った会計説明が行われることになります。

　このような継続企業の場合，出資者のお金を受託した経営者は，事業にまじめに取組み投資の価値を高める活動を行ったことを説明しなければなりません。ここに期間毎に区切られた会計説明関係が成立することになります。

───：期間ごとに報告する義務が生まれてくる。単なるお金の貸し借りから事業への出資と経営という関係に変化することによって，会計による説明関係が変わってきたということでしょうか。

村瀬：大雑把に言うとそんなことになります。会計による説明関係は，投資ば

かりでなく，さらに多様な取引関係のもとでも成立します。
　───：多様な取引関係といいますと。
村瀬：銀行が会社にお金を貸す場合には，銀行は，会社がその支払能力があるかどうか評価しなければなりません。会社側は，銀行に対して利子と元金を必ず支払うことが出来ることを説明しなければなりません。

　また国は企業から税金を徴収します。会社の法人税額が適正なものであることを企業は税務署に説明しなければなりません。

　現代は，多くの個人投資家が企業の株式の売買を行っています。株式は，それ自体はただの紙切れのようにみえますが，投資家が買うのは紙切れそのものではありません。投資家が支払うのは企業の価値に対してです。

　企業の価値は，その企業の経営が将来にわたって生み出すと思われる現金，つまりキャッシュ・フローと，その事業の危険度・リスク（損をする可能性）で評価され，その価格，株価が決まります。投資家が買うのは紙切れではなく，企業の経営，その戦略の価値です。
　───：投資家が支払うのは企業の価値に対してである。株式の紙切れを買っているのではなく経営を買っているんだということですね。
村瀬：そのために投資家は，企業の経営をよく理解し，その価値を正しく評価しなければなりません。

　証券市場にあって株式の正しい値付けがされるためには，企業の側から提出される営業報告書が嘘もなく信頼ある情報が提供されることが大切です。嘘のない説明と情報の自由な流れなくして，株式の適正な値付けはされません。このように，証券市場における株式の取引には，透明度の高い会計説明が何よりも重要なこととなっています。
　───会計は様々な経済的関係の中で，重要な役割を果たしているのですね。

虚偽の会計情報が生み出すもの

　───：今日のラジオ公開講座のテーマは「企業は嘘をつかない？」。最後に

ハテナマークがついています。このタイトルですが，企業が公表する会計に嘘があればこれらの関係は当然，上手く行かなくなりますよね。
村瀬：その通りです。嘘があれば，お金を借りることも，経営の資金を調達することもままならなくなります。その結果，いらぬ出費が必要になります。経済取引を進める上で生まれる費用を「取引のコスト」と呼んでいますが，嘘のない会計は，取引の当事者の間に信頼関係を生み出し，効率的な関係のもと，取引コストを削減します。逆に嘘のある会計は，不信を生み出し，いらぬ出費が必要となり，取引コストもかさみます。
———：信頼度の高い会社であれば資金調達などスムースに進む，ところが，一方の嘘のある会社であれば不信が生まれて取引コストもかさむことになると，そういうわけですか。
村瀬：経営者は，嘘のない会計説明によって，取引コストを削減する能力がなければなりません。それも経営者に求められる基本的な能力です。しかし，実際の会計を見ると，経営者によって粉飾されている事例がいやというほどあります。現代は，歴史的にかつてないほどの嘘の会計情報で満ちあふれた時代であるとも言えます。
———：多くの嘘の会計情報であふれているんですか。例えば具体的に例をあげていただくとしますと。
村瀬：例えば2001年，アメリカで天然ガスの供給事業を営むエンロン社は，子会社を利用して財務諸表上の利益を誇大表示する粉飾をしていることが明らかとなり倒産しました。

　その結果，一時は，1株90ドルほどしていた株式がゼロになってしまいました。投資家はそれで大損しました。エンロン社に続き，ワールドコム，タイコ，ゼロックス，ルーセント，グローバル・クロッシングというような多くの会社による粉飾が明かになりました。これらの粉飾会計の続発はアメリカの資本市場の崩壊を導きかねない危機を生み出しました。

　日本でも，多くの会社による粉飾決算が新聞報道をにぎわせており，かつてないほどに会計不信が高まっています。

――――：会計操作をすると社会に与える影響も非常に大きいですし，会計不信を引き起こすなど，私たちから考えるとマイナス要素が多いと思うのですが，じゃどうして経営者は時には嘘の説明を行なったり，会計粉飾に手を染めてしまうのでしょうか？

村瀬：先ほど会計による説明関係は，多様な経済的取引関係のもとで成立すると言いました。これらの関係においては，例えば企業によるお金の返済能力，配当水準，株価，税額などが適正かどうか問題になります。

　経営者は，このような取引関係において自分たちの会社に少しでも有利になるような会計方策を取ろうとします。配当額に投資家の合意を得ようとするにはどうするか。銀行に対して支払能力があるように印象づけるにはどうするか。法人税を出来るだけ低い水準にするにはどうするか。好ましい株価を維持するにはどうするか，というように。

　これらの事態に直面する経営者たちは，自らの意図に最もふさわしい会計表現をとろうとします。その結果，会計説明は，相当に強い偏りがかかったものとなります。

――――：自分の会社に少しでも有利になるように説明したい。そのように会計操作をするということですよね。

村瀬：とりわけ，アメリカでよく見られることですが，会計数値が経営者報酬に関係している場合があります。この場合，会計上の利益を多く計上すれば，経営者のボーナス報酬額も高くすることが出来ますから，そのような会計操作をする傾向が生まれます。また新旧の経営陣が交代した時など，交代の年度に多額の赤字が計上されることがあります。この場合，いくら費用・損失を計上しても，そうなった責任を旧経営陣に押し付けることが出来る。

――――：うーん。

村瀬：このようにして，交代した以降の経営において黒字が生まれる条件をつくりだし，黒字になればいかに自分たちの経営手腕がすごいかを印象づけ，さらには高い経営者報酬も手に入れることが出来ます。

――――：なるほど。

会計操作は合法的？

村瀬：さて，皆さんはゴーン・マジックという言葉を耳にしたことがあるでしょうか。
――――：日産自動車のカルロス・ゴーン社長が実現させた業績の回復…ですね？
村瀬：1999 年，日産自動車は経営陣が大幅に交代しました。新たに社長となったカルロス・ゴーン氏ですね。そのカルロス・ゴーン氏は「日産リバイバル・プラン」をたてて，そのなかで 2001 年 3 月期の黒字化を宣言しました。2000 年 3 月，7,000 億円ほどの巨額の損失額を計上しましたが，2001 年 3 月期には，3,300 億円ほどの当期純利益を計上し劇的な黒字化を行いました。
　このような日産自動車の V 字回復，これが「ゴーン・マジック」と呼ばれ，ゴーン氏の経営手腕の素晴らしさが賞賛されたのです。しかし，よく見ると 2000 年 3 月から 2001 年 3 月までの売上は 1.8 パーセントしか上昇しておりません。
――――：売り上げの伸びは少しであるのに，劇的黒字化が実現できたのはどうしてなんですか。
村瀬：それは，2000 年 3 月期の決算で，できる限りのありとあらゆる費用・損失を計上し，その結果として，2001 年 3 月期の黒字化の条件を作りだしたのです。
　この意味で 2001 年 3 月期のその決算期に限って言うならば，V 字回復は会計によって演出されたものであるといえます。
――――：前の年の決算であらゆる損失などを計上したことで次の年度はぐっと大きな黒字に見せることができたというわけですね。これは意図を持って演出されたことだったと。でも先生，会計操作はそんなに容易にできることなんですか。

村瀬：会計には操作がつきものです。会計操作は，会計基準に反したものから，会計基準の範囲内で行われるものまであります。

───会計基準，これは何ですか。

村瀬：会計基準とは企業が会計処理をする場合に守らなければならない約束事です。最近は，会計を国際基準に合わせようとして日本の会計基準も大きく見直されています。

　新聞紙上で報道される粉飾決算は，会計基準から逸脱したものがほとんどです。しかし会計操作は，会計基準に反したものでなく，その範囲内で行われるのが，むしろ普通であるといえます。

　会計基準内の操作は，「利益マネジメント（earning management）」としてよく知られている傾向です。特に最近設定される会計基準には，経営者の判断を幅広く認めるものが多くなっています。したがって従来にも増して経営者による操作が可能なものとなっています。

───：なるほど。会計基準という約束事が設けられているものの，現実の会計は容易に操作ができてそこには嘘があるということですか。

村瀬：会計に嘘があるかないかは，嘘の定義の問題になりますね。

───：嘘の定義の問題…。

村瀬：経営者が会計基準に反して意図的に誤魔化しをする場合は，これは完全な嘘です。違法なことです。他方，経営者による会計基準内の会計操作は嘘のものといえるでしょうか。法的には虚偽のものではありません。では，道義的倫理的はどうでしょう。倫理的には嘘のものといえそうです。

───：ええ。

村瀬：しかし反対に何をもって真実の会計であるかと言うと，これもなかなか難しい問題です。会計は判断の産物ですから，判断そのものを会計報告から排除することは出来ません。経営者による判断がそれぞれの情報利用者の求めに適合し，しかもその透明度が分かるような会計情報が提供されるならば，それは嘘のない会計といえるでしょう。

───：経営者が行う会計基準内の会計操作にはある面で言えば嘘とも言える

し，そう言いきれない部分もあると，そこには矛盾も生まれてきませんか。

村瀬：経営者の行動は矛盾のなかにあります。嘘のない会計によって，取引コストを削減し，企業の価値を高めようとする。しかし同時に，経営者は，私的な利害を達成しようして会計操作を行います。そのことが不信の関係を生み出して，自分たちのよって立つ基盤を崩壊させてしまう。一方では，信頼ある会計関係をつくり出そうとするが，他方では，それを崩すようなことを行う。そういった矛盾した両面が存在します。

―――：そうした両面が存在するのはしかたがないことでしょうか。

村瀬：仕方が無いと言ってしまえば経済の発展の可能性もありません。問題は，透明度の高い会計情報を生み出す経営者の意欲，インセンティブをもっと高め，それを評価する方向を追求し，他方，経営者の私的利害に基づいた会計操作を抑制する環境を作り出すことが大切であると考えます。

ただ，国家の絶大な権力をもって，まったく経営者の判断の入る余地のない厳格で窮屈な法や会計基準を作り，それに違反した者に対しては重い刑罰をかける，といった恐怖のシステムを作ってもダメでしょう。そのようなシステムによって生み出された会計情報は，経済的取引を促進することがないばかりか，阻害するものとなるでしょう。法律や会計基準のみにたよって，信頼ある情報を生み出すことは出来ないと思います。

―――：では最後になりますが，これからの望ましいシステム作りにはどのようなことが必要だと思われますか。

村瀬：なかなか厳しいご質問ですね。

経済取引を促進させるような会計情報が経済市場に流されるよう，経営者のインセンティブを高め，評価するシステムをつくることが大切と思います。「取引のコスト」を削減させるのが経営者の必須の能力ですから，この能力を評価し向上させるための制度が必要ではないかと思います。例えば，会計監査も，今のように財務諸表が「適正か否か」の白黒を付ける監査ではなく，経営者が透明度のある会計情報を提供しているか否か，Aレベル，Bレベル，Cレベルというような，透明度を計るレベルを設定し，そのもとで格付けし評価す

るシステムへと転換させる必要があるのではないでしょうか。監査事務所も，透明度監査に向けて監査戦略を立て，その戦略を世に示し，監査事務所同士が質の高い監査をめざして競いあう関係が出来ないものかと思っています。それには，企業が監査人を雇うのでなく，証券取引所が企業から資金を集めてその金で監査人を雇用し，企業の監査に派遣する提案をする人がおりますが，監査人の独立性を守る点から一つのアイデアではないかと思います。

　また情報の質を分析する点で，多くの情報プロフェッショナルの能力向上も必要でしょう。経営者や公認会計士だけでなく，証券アナリスト，格付け機関，マスコミ，労働組合，サプライヤー，政府機関，消費者，会計研究者などが，それぞれの立場から情報分析能力を高め，会計情報を多方面からにチェックする体制が強められ，市場のなかにある種の緊張関係が作り出されることが大切であると考えます。そして会社の取締役会や監査役，株主総会といった会社の統制システムが，信頼ある会計情報を生み出すものになることも大切です。さまざまな関係者が，相互にチェックし合うアカウンタビリティのネットワークを発展させることが大切であると思います。

　その上で会計基準の改革も進めなければなりません。今の会計基準のように，監査不能な，主観性の強い基準を扱う方向はやめなければなりません。しかもそれだけでは不十分です。会計基準それのみによって，信頼ある情報を生み出すことは出来ません。会計基準を支える，様々な制度によって運用されなければ実効あるものとはならないでしょう。

　決め手になるのは，国民全体の会計情報分析能力，会計力とでも言いましょうか，この会計力を全体として高める学習力の向上，発展にあると思います。会計力を高める国民的学習力，これが国を富ませる源泉であると考えます。

―――：はい。今日は「企業は嘘をつかない？」というテーマで村瀬儀祐教授にお話いただきました。先生，どうもありがとうございました。

村瀬：ありがとうございました。

　　　　　　　　　　　　　　　　（高知大学ラジオ公開講座 2007 年 11 月 4 日放送分）

索　引

あ行

一般承認可能性 …………………… 113
一般に認められた会計原則 … 13,97,114

営業リース …………………………… 64
エンフォースメント ………… 103,152
エンロン …………………………… 135

オルソン・モデル ………………… 175

か行

会計士のプロフェッショナルな判断
　………………………………… 193
会計上の判断 ………………………… 11
会計上の利益 ……………………… 191
会計手続モデル …………………… 2,10
会計判断 ………………………… 2,63,109
会計方法の選択 ……………………… 62
開示 …………………………………… 22
概念ステイトメント ………………… 21
概念フレームワーク ………… 22,98,185
回復可能性テスト ………………… 159
価格総計 ………………………… 18,174
価値充填 ……………………………… 85
稼得利益 ………………………… 36,179
環境回復負債 ………………………… 68
観察不能な評価インプット ……… 132
監査不能 ………………………… 134,149

企業会計基準委員会（ASBJ） ……… 115
企業価値評価 ……………………… 138

期限無限定 ………………………… 167
行政規制会計制度システム … 116,118
銀行規制 ……………………………… 78

偶発負債 ……………………………… 68
クリーン・サープラス …………… 37,173
繰延税資産 ……………………… 65,118
繰延税負債 ……………………… 119

経営者インセンティブ …… 3,71,84,110
経営者報償契約 ……………………… 75
経験的検証可能性 ……………… 88,99
経済危機 ……………………………… 15
契約と政治過程 ……………………… 74
契約ベース収益認識原則 …………… 30
検証可能性 …… 33,133,137,145,149,166
検証性 ………………………………… 87
検証不能な公正価値 ……………… 136
検証不能な予測キャッシュ・フロー
　………………………………… 169
減損会計 ……………………………… 66
減損テスト ………………………… 160
減損分析 …………………………… 161

公益事業料金設定 …………………… 77
公正価値 ……… 24,31,102,129,130,142
公正価値監査 ……………………… 149
公正価値ヒエラルキー …………… 130
コード・ロー …………………… 93,115
固定資産の再評価 …………………… 15
細切れの方法 ………………………… 26
コモン・ロー …………………… 94,97

コントロール……………………… 64
コンベンション…………………… 13

さ行

サーベンス・オックスリー法… 100,154
裁判訴訟…………………………… 79
債務契約条項……………………… 75
残余利益モデル…………………… 176

仕掛中の試験研究費……………… 67
資産除却債務……………………… 70
市場価格に対する参照…………… 144
市場価値…………………… 131,142
市場志向…………………………… 94
市場に対するマーク……………… 133
実体的取引の創造………………… 62
資本コスト…………………… 39,72
資本市場…………………………… 72
資本リース………………………… 64
社会的合意化……………………… 192
情報内容…………………………… 87
信頼関係…………………………… 200
信頼性………………… 23,32,89,151

正規の簿記の諸原則………… 85,95,112
税効果会計…………………… 65,119
世界統一の概念フレームワーク…… 103
説明………………………………… 198
説明関係…………………………… 201

想定された公正価値……………… 160
想定されたのれん………………… 137
測定…………………………… 61,147
その他の包括利益…………… 36,70,180
ソフトウェア資産………………… 67
損益計算書アプローチ………… 1,14

た行

ダーティ・サープラス………… 37,174
対応…………………………… 2,7,174
対応の恣意性……………………… 19
対応の手続………………………… 8
対応の論理………………… 8,17,34,63
貸借対照表アプローチ………… 1,14

忠実な表示………………………… 32
帳消し……………………………… 199

ツケにする………………………… 199

適合性………………………… 22,151
手続のポートフォリオ…………… 110
デュー・プロセス………………… 187

ドイツ会計基準委員会…………… 112
当期業績主義……………………… 175
特別損失…………………………… 177
トライアングル体制……………… 117
取引価格ベースの会計…………… 18
取引のコスト………………… 72,203

な行

認識………………………… 2,7,22,60
認識時点…………………………… 60
「認識」の論理……………… 22,34,63

年金負債…………………………… 68

のれん………………………… 136,157
のれんの想定公正価値…………… 162

は行

幅広い会計原則…………………… 113

判断要素 ……………………… 60,192	無形資産 ………………………… 157
評価引当金 …………………… 121,124	モデルに対する参照 ………… 133,144
表示上の忠実性 …………… 33,87,99	**や行**
フォーミュレート ………………… 98	予測に対するマーク ……………… 133
プリンシプル・ベース ………… 99,114	**ら行**
プロバブル ………………………… 125	利益計算 …………………………… 55
プロフェッショナル会計制度 ……………… 3,27,115,190	利益マネジメント ………………… 206
	リストラ負債 ……………………… 70
分離可能性 ……………………… 158,166	リレーションシップ・ベース ……… 92
分類 ………………………………… 61	
包括主義 …………………………… 175	ルール・ベース …………… 100,114
包括利益 ……………… 24,36,175,178	レベル3の公正価値 ……………… 135
包括利益計算書 …………………… 180	レリバンス ………………………… 87
法規範 …………………… 86,96,112	連携 …………………………… 13,55
報告単位 ………………………… 160	**わ行**
法人税 ……………………………… 76	
補完関係 …………………………… 91	割引キャッシュ・フロー・モデル … 145
保守主義 …………………………… 41	
「保守主義バイアス」の会計基準 …… 46	
ま行	
認められたプラクティス …………… 97	

著 者 紹 介

村瀬儀祐（むらせ　ぎすけ）
1944年　愛知県生まれ
現職　高知工科大学マネジメント学部教授
高知大学名誉教授
博士（商学）（同志社大学）

著　書

『現代会計の基礎』（単著，森山書店，1981年）
『現代会計制度論』（単著，森山書店，1987年）
『会計判断の制度的性質』（編著，森山書店，1998年）
『将来事象会計』（共著，森山書店，2000年）
『現代会計の認識拡大』（共著，森山書店，2005年）
『加藤盛弘教授古稀記念論文集』（編著，森山書店，2007年）

会計理論の制度分析

2011年3月23日　初版第1刷発行

著　者　©　村　瀬　儀　祐

発行者　　菅　田　直　文

発行所　有限会社　森山書店　〒101-0054　東京都千代田区神田錦町1-10 林ビル
TEL 03-3293-7061　FAX 03-3293-7063　振替口座 00180-9-32919

落丁・乱丁本はお取りかえします　　印刷／製本・シナノ書籍印刷

本書の内容の一部あるいは全部を無断で複写複製することは，著作権および出版社の権利の侵害となりますので，その場合は予め小社あて許諾を求めて下さい。

ISBN 978-4-8394-2108-3